Pfarrer Winfried Pietrek

Schwester Maria Anja Henkel

Atemholen der Seele

D1662306

Pfarrer Winfried Pietrek
Schwester Maria Anja Henkel

Atemholen
der Seele

Eine Sonderausgabe des
Deutschland-Magazins

1. Auflage Dezember 2023

Alle Rechte und Herausgeber:
DIE DEUTSCHEN KONSERVATIVEN e. V.
Beethovenstraße 60 – 22083 Hamburg
Telefon: 040 - 299 44 01 – Telefax: 040 - 299 44 60
www.konservative.de – info@konservative.de

Druck:
SZ-Druck & Verlagsservice GmbH
Urbacher Straße 10 – 53842 Troisdorf

Gestaltung des Umschlags:
Murat Temeltas

ISBN: 978-3-98987-000-0

Heute sind „Die Deutschen Konservativen e.V.“
unbestreitbar die bedeutendste demokratische, konservative
Bewegung in Deutschland.

Wir finanzieren unsere Arbeit ausschließlich aus Spenden. Für
jede erhalten Sie eine steuerlich abzugsfähige
Spendenbescheinigung. Am besten helfen Sie uns mit einer
Überweisung, aber auch PayPal-Spenden sind möglich.

Spendenkonto: Die Deutschen Konservativen
DE 86 2001 0020 0033 3332 05 – BIC: PBNKDEFFXXX

info@konservative.de

Inhalt

III. Sternstunden deutscher Geschichte

Liebe Leser!

Morgenjauchzer statt Morgenseufzer. Gleich morgens die Welt bejahen. Wieder schenkt uns der Schöpfer und Erhalter einen Tag. Gleich wie alt oder gesund wir sind. Wir dürfen nicht warten, unser Ja zum Leben zu sagen. Jetzt, hier, heute ist unser Leben.

Selbst Anflüge von scheinbarem Stillstand, die uns überfallen, sollen wir annehmen. Wenn wir uns bewegen, uns nicht lähmen lassen, sind wir schon halb geheilt. Auch gegen falsche Stimmungen. Körperliche Betätigung vermindert den Angriff von Depression. Gute Laune muß man auch wollen und klug einfädeln. Etwa, indem man sich an den eigenen Stärken hochhangelt. Ein Vorteil, wenn einer glaubt und weiß: Du bist wertvoll für eine ganze Ewigkeit. Du bist kostbar, einmalig erschaffen und geliebt. Je tiefer einer das glaubt, wie es Jesus verkündet hat, desto mehr lebt er wirklich. Alle Schatten sind von Gottes Sonne durchdrungen. Du darfst sogar ein Spiegelbild des lebendigen Gottes sein. Selbst deine Schwächen heilt er unter persönlichem Einsatz. Was hindert dich also, dich mit ihm, durch ihn aufbauen zu lassen? Verschämte Schuldgefühle? Er wischt sie weg, wenn du dich ihm auslieferst. Jetzt schon beginnt unsere ewige Seligkeit.

Jeder von uns braucht das Atemholen der Seele. Leider vergessen wir sie oft zu schnell, die kleinen Wunder des Alltags. Oder sie werden als Zufall abgetan. Doch der Blick dabei auf den Schöpfer, auf GOTT, und unser Dank an IHN, ist das Entscheidende. Denn jede kleine Begebenheit des Alltags lehrt uns die Dankbarkeit. Und Freude, daß wir getragen sind und nicht alles selbst leisten müssen.

Auch das Leid hat nie das letzte Wort, sondern das Leben. Dies ruft uns ein dankbarer Blick auf die Auferstehung JESU immer wieder ins Gedächtnis. Mit Seiner Hilfe überstehen wir alle Schmerzen und Trübsal, im Glauben und der Hoffnung, dereinst in den Himmel, die ewige Freude, eingelassen zu werden.

So will dieses Büchlein den Anstoß geben, aufmerksamer wahrzunehmen: Wir sind geliebt. Unser Leben läßt unseren Urheber keineswegs gleichgültig. Immer wieder müssen wir uns das ins Gedächtnis rufen, ja aussprechen, damit wir uns in unserer technischen Welt nicht eines Tages einbilden, alles würde völlig selbstverständlich wie bei einer Maschine ablaufen. Wir sind mehr. Wir sind kostbarer. Wir haben Geist und Seele und sind fähig, GOTT zu suchen, IHN zu finden und zu lieben. So wünschen wir Ihnen Freude beim Lesen, die beiden Autoren,

Pfarrer Winfried Pietrek &
Schwester Maria Anja Henkel

Pfarrer Winfried Pietrek

Schwester Maria
Anja Henkel

9

I. Faszinierende Menschen

Joachim Siegerist – unvergessen

Lieber Joachim, langjähriger Freund, Du bist am Tag vor Deinem 76. Geburtstag, am 28.1.2023, heimgerufen worden. Viele Jahre hindurch hast Du trotz Krankheit die „Deutschen Konservativen" geleitet und auch die „Aktion Reiskorn" zur Unterstützung von Notleidenden – und so für ein christliches Deutschland gekämpft.

Du bist Sr. Anja und mir ein lieber Freund geworden – samt Deiner Mannschaft. Jährlich hast Du die CHRISTLICHE MITTE unterstützt, indem Du eines der Bücher, die Sr. Anja und ich geschrieben haben, herausgegeben hast. Und jahrelang hast Du uns Deine eigenen Veröffentlichungen zum Korrektur-Lesen anvertraut.

Die Versöhnungs-Kapelle

Du scheutest nicht davor zurück, Linke, Kommunisten und Grüne frontal anzugreifen. Denn manche Deiner Geschwister – Dein Vater ist Lette – sind von den Sowjets zu Tode gebracht worden. Auch deshalb hast Du auf Deinem ererbten Grundstück in Lettland eine Soldaten-Versöhnungs-Kapelle errichtet zum Gedenken an deutsche, lettische und russische Soldaten, die im Kurland-Kessel gefallen sind.

Das Zentrum der Kapelle ist ein Bernstein-Kreuz. Zugleich lädt eine Statue der Mutter JESU aus Fatima zum Verweilen ein. Und schon beim Eintreten erinnert ein Weihwasser-Becken daran, daß Christen durch die Taufe in die

Kirche gelangen, hin zu CHRISTUS. Scharfe Worte fandest Du für Kreuz-Gegner. Glühend verteidigtest Du den Gebrauch des Wortes Vaterland. Du warst wohl der Einzige, der – gemeinsam mit jungen Leuten – ein Loch in die Berliner Mauer geschlagen und Gebete vom einstigen Aussichtsturm am Brandenburger Tor hinüber in die damalige DDR veranlaßt hat. Als der Kommunist Erich Honecker in Bonn einen Staats-Empfang erhielt, demonstriertest Du mit Konservativen dagegen und wurdest prompt kurzfristig ins Gefängnis weggesperrt.

Tausende Baby-Modelle

Konsequent, wie Du bist, sprachst du nie von „Abtreibung", sondern stets von „Babymord im Mutterleib", Worte, die auch das Herz erreichen. Unter finanziellen Opfern versandtest Du Tausende von winzigen Baby-Modellen. Und als unser „CM-KURIER" als Titelfoto das Bild eines behinderten Mädchens veröffentlichte, erhielten wir Deinen Glückwunsch. Was aber kaum einer weiß: Du warst ein stiller Verehrer der Mutter JESU und sahst in jeder Ordensfrau ihre Nachfolgerin auf dem Weg der Barmherzigkeit. Bei Tagungen und Kongressen ließest Du eine Messe im alten, klassischen Ritus feiern.

Tausend Federbetten

Deine zahlreichen Bücher mit kurzen Erlebnis-Berichten verschweigen auch eigene Lausbübereien nicht. Jahr für Jahr trommeltest Du, um 1.000 Federbetten für arme und kranke Letten kaufen zu können. Und wer in Lettland an solchen Tagen zur Soldaten-Versöhnungs-Kapelle kommt, ist hinterher zu einem kleinen Festmahl eingeladen. Du selbst warst Protestant, konvertiertest aber zum Katholizismus, so daß Dein Freund, der lutherische Bischof von Lettland, Deine Kapelle „Zur allerseligsten Jungfrau Maria" nannte. Es war eine große Freude für mich, als Du mich batest, die Kapelle zu weihen. Heute ist sie ein Glaubens-Mittelpunkt in Lettland.

Liebe zur Heimat JESU

Zu kämpfen, liegt dir im Blut. Für Dich gehören das irdische und das himmlische Vaterland zusammen. Deine Liebe auch zur irdischen Heimat JESU hat Dich zu zahlreichen Pilgerfahrten nach Israel einladen lassen. Mit beiden Beinen mitten im Leben stehend, hast Du zugunsten der Armen verzichtet, eine eigene Familie zu gründen. Politisch kämpftest Du gegen Willy Brandt, Claudia Roth und Robert Habeck für ein konservativ-christliches Deutschland. So wie Du Dich in GOTT und zugleich der Kirche geborgen wußtest, so sätest Du Vertrauen in viele Herzen hinein, damit möglichst viele Menschen wissen, daß sie nicht allein sind.

Dein Freund Pfr. Winfried Pietrek

Die Leuchtspur des Carlo Acutis

Der Italiener Carlo Acutis (1991-2006) hinterläßt durch Herzlichkeit, Frömmigkeit, Computer-Begabung und Hilfsbereitschaft eine leuchtende Spur.

Als dieser Sohn einer wohlhabenden Familie in London geboren wird, läßt seine Mutter vor lauter Freude ein Kuchen-Lamm backen, und seine Urgroßmutter kommt von Italien angereist. Wohlbehütet wächst der Junge in Italien auf. Im Kindergarten ist man erstaunt, daß er nie zurückprügelt. Tiere liebt er über alles, und im Laufe der

Jahre sammeln sich außer den Goldfischen 4 Hunde und 2 Katzen an. Carlo ist überzeugt, daß sie alle weiterleben und kein Tier im Nichts endet. Viel später wird er sogar kurze Tierfilme selbst drehen.

Kleinste Fehler schmerzen

Schon der kleinste Fehler hält ihn am Boden fest. Carlo ist deshalb überglücklich, daß er als Kind oft beichten und schon mit 7 Jahren zur Erstkommunion gehen darf, was seinem Leben eine entscheidende Wende gibt. Denn nun geht er täglich zur Meßfeier und sucht auch andere dafür zu gewinnen. Oft kniet er in der Kirche, um anzubeten. Wenn andere sich dort schlecht benehmen, weist er sie mutig, aber liebevoll zurecht. Eines Tages berichtet er, sein verstorbener Großvater sei ihm erschienen und habe ihn um Fürbitte gebeten, was er getreu befolgt.

In der Schule strahlt Carlo Frieden aus, nimmt sich auch der an den Rand Gedrängten an. Manchmal wird er von Mitschülern wegen seiner Frömmigkeit ausgelacht, auch weil er sich nie modisch kleidet. Einen geistig Behinderten in seiner Schulklasse, der oft verspottet wird, verteidigt er. Zeigt das Fernsehen schamlose Werbung, bedeckt er seine Augen mit der Hand. Einige halten ihn für „bigott", weil er völlig selbstverständlich auch über die Hölle spricht. Kommt er in eine Gesellschaft von Erwachsenen, ist er schnell mit allen gut Freund. Doch er verteidigt die Glaubenslehre der katholischen Kirche und nennt Abtreibung ein Verbrechen. Auf der Straße spricht er mit Bettlern und hört ihnen zu.

Das Internet-Genie

Seine Ferien verbringt er immer in Assisi, obwohl er manch anderes Reiseziel haben könnte. In der Stadt des heiligen Franz fühlt er sich am glücklichsten. Kochen bringt er sich selbst bei und bedankt sich, wo er ißt, stets jedesmal danach beim Koch. Auch Saxophon-Spielen bringt er sich selbst bei. Er liebt Spiele und Zeichentrick-Filme, zeichnet sogar seine Lieblingsfigur. Früh entwickelt er Interesse und Begabung für den Computer und ist ein Genie im Internet. Klassen-Kameraden erklärt er die Funktionen, entwirft ganze Programme und spricht zwischendurch vom Geheimnis der Erlösung. Ein Autor von Computer-Büchern ist erstaunt, daß Carlo fachlich mithalten kann. Er baut eine Sammlung eucharistischer Wunder auf, denn er lebt aus dem Kommunion-Empfang. Er bereitet Firm-Kinder vor. Mädchen, die der Jugendliche kennt, wirft er vor, es ihren jungen Verehrern zu leicht zu machen.

Leichnam mit Lilien-Duft

Als Carlos Vater seinen Sohn zu einer Jerusalem-Reise ein-lädt, lehnt er ab. Zuerst sollten in Mailand die Tabernakel mit Hingabe besucht werden. Für Notleidende in dieser Großstadt sammelt er Geld bei Eltern, Verwandten, Bekannten. Carlos, der Lourdes und Fatima liebt, betet täglich den Rosenkranz. Einige indische Bekannte bringt er dazu, sich taufen zu lassen. Zehn Tage vor seinem Tod wird er krank: Leukämie. Er leidet tapfer und selbstlos, sorgt sich, daß seine Lieben nachts schlafen. Als er, 15 Jahre alt, stirbt – vier Tage lang daheim aufgebahrt – duf-tet es nach Lilien. Ununterbrochen kommen Besucher. Beim Requiem müssen viele Beter vor der Kirche stehen. In Assisi wird Carlo beigesetzt. Ein Ungetaufter sagt: „Ich weiß nicht, ob es einen Himmel gibt. Aber ich bin sicher, daß Carlo sich an einem wunderschönen Ort befindet." 2020 wird Carlo Acutis seliggesprochen.   *SR. A.*

Gertrud Le Forts verschlungener Weg

Sie ist Dichterin und Intellektuelle. Geboren als Protestantin, verliert sie ihr Herz an die katholische Kirche und dichtet die berühmten „Hymnen an die Kirche". Sie kennt noch die vorkonziliare Kirche mit der missa tridentina und der Tiefe des Mysteriums. 1971 stirbt sie, geschätzt und geliebt nicht nur von Deutschen.

Gertrud von Le Fort ist Deutsche und bekennt: „Talent ist Geschenk. Der Dichter bringt von sich selbst aus eigentlich nur das Wissen mit, sich selbst möglich zu vergessen, um in Liebe geöffnet zu sein. Dichtung ist Hingabe der Persönlichkeit."

Begabt und adlig

1876 wird sie in Minden geboren und wächst in einem frommen, protestantischen Elternhaus auf. Der Vater ist preußischer Oberst. Gertrud ist schriftstellerisch begabt. Ihrer so gern schreibenden Tochter sagt die Mutter: „Kind, dichte, aber belästige niemanden damit." So versucht sie sich, 9 Jahre alt, schon an einem Drama. Als sie 20 ist, unternimmt sie ihre erste Auslandsreise. Es geht nach Wien und Italien.

Lebenswende in Rom

1907 begegnet sie Papst Pius X.. Sein Charisma macht einen überwältigenden Eindruck auf die junge Frau und wird zum Meilenstein auf ihrem Weg zum katholischen Glauben. Ab 1908 studiert sie Theologie in Heidelberg, Marburg und Berlin sowie die Fächer Geschichte und Kunstgeschichte, Literatur und Philosophie. Noch ist es evangelische Theologie, doch der katholische Funken ist bereits im Herzen übergesprungen.

Leitung des Familiengutes

Als der Erste Weltkrieg 1914 ausbricht, kehrt die Familie von Ludwigslust zurück auf das Familien-Gut Boek, wobei ihr jüngerer Bruder nun das Gut erbt. Doch da er 1920 am Kapp-Putsch beteiligt ist, um das neue sozialistisch-demokratische Staatsgebilde zu stürzen, muß er Mecklenburg verlassen, und Gertrud übernimmt die Leitung des Familien-Gutes. 1922 zieht sie um nach Baierbrunn bei München. Der erste selbständige Akt hin zum praktizierten katholischen Glauben ist dies, denn schon damals fühlt sie sich von der katholischen Liturgie magnetisch angezogen.

Hymnen an die Kirche

1924 erklingen dann ihre wunderbaren „Hymnen an die Kirche". Zwei Jahre später folgt in Rom ihr Eintritt in die katholische Kirche. Die Dichterin hält unterdessen zahlreiche Vorträge in Deutschland und auf ihren Auslands-Reisen. Vor allem in der Schweiz. Sie befreundet sich mit Edith Stein, Theodor Haeckel, Erich Przywara und hat Kontakt zu Paul Claudel. Ihr Traum ist ein christliches Deutschland mit konservativem Wertesystem, was fundamental mit dem NS-Staat von 1933 kollidiert. Es gleicht einem Wunder, daß sie 1938 ihren Roman „Die Magdeburgische Hochzeit" publizieren kann. Seit 1950 gibt sie die Zeitschrift „Literarisches Deutschland" zusammen mit anderen deutschen Schriftstellern heraus. Gertrud von Le Fort gilt heute als eine der bedeutendsten deutschen katholischen Schriftstellerinnen.

Das Schweißtuch der Veronika

Alle ihre Romane und Erzählungen sowie ihre Gedichte behandeln Glaubens-Fragen, eingebettet in die Historie. So z. B. der Roman „Das Schweißtuch der hl. Veronika". Immer geht es ihr darum, den Leser zu einer persönlichen Glaubens-Entscheidung für JESUS Christus zu bewegen. IHN lieben. In IHM den Heiland erkennen. Die Kirche als Institution ist dabei die erhabene Mittlerin und Ordnungsmacht. Gertrud von Le Fort erklärt in ihren Romanen den Sinn von Leid und Opfer und möchte dadurch helfen, Licht in den sich ausbreitenden Unglauben des 20. Jahrhunderts zu bringen. Weltbekannt ist ihre Novelle „Märtyrinnen von Compiègne", die in der Französischen Revolutionszeit spielt und das Schicksal von 16 Karmelitinnen in dramatisch-anschaulicher Weise, spannend und religiös überhöht, darstellt. Bis zu ihrem 95. Lebensjahr darf Gertrud von Le Fort ihr Wirken fortsetzen, ehe sie in den ewigen Frieden heimgeholt wird.   *SR. A.*

Nächtlicher Besuch bei Gerhart Hauptmann

Nachkriegs-Sommer 1945. Langsam wird das Geld für unsere ins Riesengebirge geflüchtete Familie knapp. Unser Vater ist irgendwo in Westeuropa. Wir hoffen, daß er überlebt hat. Wir, seine vier Jungen, 14, 13, 12 und 9 Jahre alt, haben kräftigen Appetit. Mein älterer Bruder Horst geht in die Munitions-Fabrik von Petersdorf zum Aufräumen und bringt dafür alle zwei Tage ein Brot nach Hause. Mit meinem bißchen Englisch und einem Mini-Wörterbuch spreche ich einen Polen an, der Gebrauchtkleidung aufkauft. Da er kein Deutsch spricht, nimmt er mich gegen ein Trinkgeld als Dolmetscher.

Als er eine Ladung Kleidersäcke beisammen hat, bittet er mich, die Sachen in einem Handwagen ins Nachbardorf zu fahren, nach Hermsdorf. Erst dort kann er in einen Zug der Gebirgsbahn einsteigen, denn die Brücke zwischen Petersdorf und Hermsdorf ist gesprengt. Als ich meine Fracht glücklich am Bahnhof abgeliefert habe, mache ich mich eilig auf den Heimweg, denn bei Einbruch der Dunkelheit beginnt die Polizeistunde. Wer dann als Deutscher ertappt wird, muß mit Strafe rechnen. Schon einmal habe ich morgens einen erschossenen jungen Mann auf der Straße liegen sehen.

Als ich Hermsdorf unter der Kynast-Burgruine wieder verlassen will, hält mich eine Militärstreife an. Die Soldaten werfen etwas Schweres in einem Sack in meinen Wagen und bedeuten mir: „Zurück! Agnetendorf!" Von diesem Wohnort des schlesischen Dichters Gerhart Hauptmann habe ich zwar gehört und auch eines seiner Schauspiele – „Hanneles Himmelfahrt" – gesehen, doch in Agnetendorf bin ich nie gewesen. Die Soldaten stapfen eisern voran. Nur wenn die Last in meinem Handwagen auf der Gebirgsstraße zu schwer für mich wird, hilft mir einer der Männer. Als ich mich unbeobachtet glaube, fühle ich einmal, was ich denn transportiere. Es muß ein erschossenes Reh sein.

Es ist schon dunkel und spät, als wir unser Ziel erreichen und die Last endlich abgeladen wird. Die Soldaten sind freundlich zu mir und geben mir ein Stück Brot. Dennoch mache ich mich ängstlich auf den Heimweg, kehre aber bald wieder um – zurück zu den Soldaten. Sie sind gerade dabei, das Reh aus seiner Decke zu schälen und schauen mich erstaunt an. Ich sage: „Bescheinigung." Einer kritzelt ein paar Worte auf einen Zettel, ein anderer drückt einen

Stempel drauf, dann ziehe ich einsam los durch die Dunkelheit. Gottlob glaube ich an Schutzengel. Auf einsamer Straße treffe ich eine Militärstreife. Jetzt hilft mir meine Bescheinigung.

Doch ich habe noch andere Helfer. Daheim sind Mutter und Großmutter immer noch wach und beten für den verlorenen Sohn. Gegen drei Uhr morgens poche ich endlich an ihre Tür, die mit einem Baumstamm gesichert ist. Solches Erleben prägt – hin zum HERRGOTT.

PS: Jahrzehnte später bin ich noch einmal in Agnetendorf. In der Villa Gerhart Hauptmanns (†1946) ist nun ein Museum. Der Nobelpreisträger von 1912 ist vor allem durch sein Sozialdrama „Die Weber" bekanntgeblieben. Doch auch der schlesische Humor hat sich seiner bemächtigt. Als einst ein Tourist einen Einheimischen fragt, wo denn der „Hauptmann" wohne, fragt der Agnetendorfer zurück: „Nu, welchen män Se denn? Wir haben zwee. Der eene is a Hauptmann, der andere heeßt bloß su."   *PWP*

Sieg über die Wikinger –
Alfred der Große

„Die Dänen sind da!" Immer wieder ertönt dieser Weckruf und erschüttert die britische Insel. Es ist die Zeit des frühen Mittelalters, als Piraten, von Abenteuerlust und Raubgier getrieben, England verunsichern. Für Gegenwehr der Einwohner ist es oft zu spät. Schutzlos liegen die ersten christlichen Kirchen und Klöster zu Füßen der hereinströmenden Wikinger. Gegen Ende des 8. Jahrhunderts tauchen die skandinavischen Seeräuber das erste Mal an der Westküste Nordenglands auf. Die Abteien Lindisfarne und Jarrow werden völlig verwüstet. Waren sie doch einst die Heimat der großen Mönche und Theologen St. Beda und St. Cuthberth. Nächstes Angriffs-Ziel der Dänen sind die Shetland-Inseln, die Orkneys, die Hebriden, Schottland, dann Irland, dann Ost-Anglia, Kent und Somerset. Sogar bis Frankreich starten die planenden Wikinger und gelangen bis Paris.

Wem gehört England?

Der Bruder des Königs Aethelred von Wessex, Alfred, kennt die Raubzüge nur vom Hörensagen – bis er 16 Jahre alt ist. Doch dann wird er Augenzeuge. „Wikinger in Ost-Anglia!" melden die Kirchenglocken. Man bekreuzigt sich. Betet. Fastet. Dann die Nachricht: „Die dänische Armee steht vor York!" Kurz darauf: „York ist gefallen! Northumbria ausgeplündert!"

Alfred ist erschüttert. Uneinigkeit herrscht zwischen den vielen christlichen Königreichen in England, was zu tun ist, um der Wikinger-Plage Herr zu werden. König Edmund von Ost-Anglia fällt dazu noch aus, da ihn die Wikinger an einen Baum gebunden und zu Tode gemartert haben. Diese Machtlosigkeit nutzen nun die Dänen, um sich in England anzusiedeln. Der junge Alfred ist entsetzt. Bald ist auch Wessex bedroht und Mercia, wo Alfred sich gerade mit der Tochter eines mercischen Grafen verlobt hat.

Inzwischen 19, zieht Alfred an der Seite König Aethelreds ins Feld. Das Wunder geschieht: Alfred gelingt der Sieg in Wessex über die Eindringlinge. Als sein Bruder Aethelred stirbt, wird Alfred mit 21 Jahren König von Wessex. Acht weitere Schlachten führt er in diesem einzigen Jahr 871; 10

weitere Jahre treibt er die Dänen über die ganze Insel, bald als Verfolger, bald als Verfolgter. Schließlich ist das ganze angelsächsische Gebiet bis auf Wessex von den Dänen erobert und besiedelt. Wenn jetzt Wessex fällt, ist England verloren. Heroisch zieht sich der junge König Alfred von Wessex auf die von Sümpfen umgebene Insel Aethelney zurück, versteckt sich dort, um die kommenden Aktionen zu planen. Die Dänen wiegen sich in Sicherheit. Im Frühjahr 878 bricht Alfred auf. Die entscheidendste Niederlage trifft die Dänen bei Chippenham. Endlich Frieden nach 12 Jahren Krieg. Der dänische Befehlshaber Guthrum läßt sich taufen, wird Christ, nicht gezwungen, sondern freiwillig. Alfred ist Taufpate. Aus Feinden werden Freunde in Christus. Danach der von Guthrum versprochene Abzug der Dänen aus England.

Alfred, der Stratege

Um den Frieden zu sichern, baut König Alfred nun ein System ständiger Garnisonen an strategisch wichtigen Punkten. Dann organisiert er sein Heer neu, das ständig einsatzbereit ist. Nach einem Feldzug sollen die Soldaten aber wieder auf ihre Felder nach Hause zurückkehren. Trainingshalber aber werden die wehrfähigen Männer abwechselnd auf befristete Zeit einberufen. Jeder kennt nun seinen Platz in der neuen Landwehr. Dritte Neuerung Alfreds: Der Bau einer Flotte. So wird er Begründer der englischen Marine.

Alfred, der Christ

Mit dem Sieg über die Dänen hat sich auch das Christentum auf der Insel durchgesetzt. Alfred rettete England vor dem Untergang und vor dem Heidentum. Zum Dank gründet der junge König jetzt zahlreiche Klöster, auch eines auf der Insel Aethney, wo er sich im Verborgenen auf den Endkampf mit den Dänen vorbereitet hat.

Alfred, der Friedenskönig

Zwei Drittel seiner Regentschaft sind vom Krieg überschattet, aber es bleiben ihm 9 Friedensjahre, in denen er Erstaunliches leistet. Seine Autorität ist größer als die jedes angelsächsischen Königs auf der Insel vor oder nach ihm. Ohne feste Residenz ist sein Königtum ein Reise-Königtum. Alle Burgen in Wessex besucht er, hält Rat mit den dortigen Bischöfen und Grafen, besonders mit denen von Winchester, Sherborne, London, Rochester und Dorchester, vor allem mit dem Erzbischof von Canterbury. Rege Auslandskontakte baut er auf, um die abgeschiedene Insel England mit dem Kontinent zu vernetzen: Franzosen, Italiener, Norweger, Friesen gehen bei Alfred ein und aus. Briefe wechselt er sogar mit dem Patriarchen von Jerusalem und tauscht Geschenke aus. Innig liebt er den Papst in Rom. Zweimal weilt Alfred sogar in der Ewigen Stadt und wird dort von Papst Leo IV. gefirmt und als Adoptivsohn angenommen. Jedes Jahr bringt eine Gesandtschaft Alfreds Almosen und Segenswünsche zum Heiligen Vater. Als Dank erhält er Reliquien und Privilegien.

Alfred, der Europäer

Sein Geist aber ist nicht national-machtstaatlich, sondern europäisch ausgerichtet. Alfred denkt in weltgeschichtlichen Zusammenhängen: Er legt einen Gesetzes-Kodex an, um das Recht zu sichern. Als „common law" sind die Gesetze bis heute in angelsächsischer Sprache erhalten. Die originelle Einleitung enthält einen Überblick auf die

Geschichte des jüdisch-christlichen und germanischen Rechts und ihr Zusammenwachsen. Alfred zeigt dadurch, daß seine Gesetzes-Sammlung letztlich auf göttlicher Satzung beruht. Der König schafft kein neues Landrecht für England, sondern sammelt altes, ergänzt und verbessert es. „Höchst notwendig ist, daß jeder Mensch getreu seinem Eid sein Wort hält", erklärt der christliche König. Leibeigene dürfen am Sonntag nicht arbeiten. Harte Strafen stehen auf jede Art von Körperverletzung, Unterdrückung oder Ausbeutung. Englische Gerichte haben in Zukunft Gerechtigkeit sicherzustellen. Kleinere Streitigkeit sollen die Ratsherren selbst regeln: Wirtschaftliche Querelen sollen die Sheriffs regeln. Verbrechen werden von Grafen und Bischöfen auf einer Volksversammlung gerichtet. Der König führt als oberster Richter die Aufsicht.

Alfred, der Intellektuelle

Lehrer aus dem Ausland beruft er an seinen Königshof in Wessex: Alfred selbst lernt von dem Mönch Asser aus Wales Latein, das Stundengebet, die Psalmen und andere Gebete. Mönche aus Frankreich helfen ihm, die englischen Klöster zu reformieren. Mönche aus dem deutschen Corvey helfen bei der Gründung der Abtei Aethelney. Obwohl er schon 38 Jahre alt ist, lernt Alfred wie ein Sextaner lateinische Vokabeln und Grammatik. Das Wissen, das er sich beim Studium theologischer Werke erwirbt, will er an sein Volk weitergeben. Alle wichtigen Werke belehrender Literatur läßt er vom Lateinischen ins Angelsächsische übertragen und verbreiten. So lernen die Engländer die Schriften Papst Gregor des Großen kennen, das Leben des Mönchsvaters Benedikt von Nursia und dessen Benediktiner-Regel.

Auch die Kirchengeschichte des Beda Venerabilis läßt Alfred für sein Volk übersetzen. Ebenso den „Trost der Philosophie" des Boetius. Klosterschulen werden gegründet, um den Adels-Söhnen Lesen und Schreiben beizubringen. Jeder Mann in führender Stellung soll Grammatik und Rhetorik beherrschen, Dialektik, Arithmetik, Geometrie, Musik und Astronomie. Wenn jemand einen verheißungsvollen Menschen mit geistigen Anlagen entdeckt, soll er ihn auf eigene Kosten ausbilden lassen.

Alfred, der Büßer

25 Jahre lang leidet der mächtige, erfolgreiche Herrscher unsagbare körperliche Schmerzen. Den Namen der Krankheit kennt er nicht. Die Schmerz-Attacken erträgt er mit Ergebenheit in den Willen Gottes. Seine Qualen erduldet er als Buße für seine Sünden. Kein Tag vergeht, ohne daß sich der König Zeit nimmt für Gebet und Betrachtung des Lebens Jesu, für den Gottesdienst und das Brevier. 50% seines Einkommens weiht er dem Dienst Gottes. Alfred wird 50 Jahre alt und stirbt als Liebling seines Volkes. Für uns ist er ein Vorbild an Gottesfurcht, Weisheit, Gehorsam, Enthaltsamkeit und christlicher Tugend: „Ein Heiliger ohne Aberglauben, ein Gelehrter ohne Eitelkeit; ein Krieger, der nur zur Verteidigung seines Landes kämpfte; ein Eroberer, dessen Lorbeeren nie mit Grausamkeit befleckt wurden; ein Fürst, den das Unglück niemals zu Boden warf, den der Triumph niemals zum Hochmut reizte – die Geschichte kennt keinen, der ihm gleich wäre", lobt ihn der Historiker Freeman. *SR.A.*

Tilman, der HERRGOTT-Schnitzer

Der Meister biblischer Gestalten und Kreuze in seinen spätgotischen Altären gerät mitten hinein in den Bauernkrieg zur Reformationszeit. Doch zuvor eine großartige Karriere als viel bewunderter Künstler bis heute. Selbst das Judas-Gesicht im Heilig-Blut-Altar von Rothenburg ist nicht häßlich.

Tilman Riemenschneider (1460-1531) kommt nach Würzburg, weil sein Onkel dort Domherr ist. Viermal erlebt er den Tod seiner Ehefrau, nachdem er zuerst mit 25 die Witwe eines Goldschmieds mit 3 Söhnen geheiratet hat. Bis zu 24 Personen, Gesellen und Mitarbeiter, wohnen in seinem Haus, als eine wachsende Zahl von Aufträgen eingeht. 1490, Tilman ist 30, erhält er die erste Bestellung eines Schnitz-Altars aus Münnerstadt, eine Zwei-Jahres-Arbeit, unbemalt, damit das Holz selbst sprechen kann.

1525, die Zeit der Bauernkriege. Die 12 Artikel aufständischer Bauern wiederholen zum Teil Luthers eigene Worte. Riemenschneider ist Ratsherr in Würzburg, zeitweise sogar Bürgermeister. Obwohl er selbst reich geworden ist, stellt er sich auf die Seite der Armen. Das wird ihm zum Verhängnis. Bischof Konrad ist weit mehr Landesherr als Bischof. Ein Lebemann mit Jagden, Banketten und Dirnen, ein adeliger Machthaber, der zahlreiche Enthauptungen und Verstümmelungen befiehlt. Tilman ist mit verantwortlich für Entscheidungen, die den Landesherrn betreffen: Verweigerung der Heeresfolge gegen die Bauern. Martin Luther eilt von der Wartburg nach Wittenberg und predigt eine Woche lang gegen die Verschwörer. Hunderte von Klöstern, Stiften und Schlössern werden niedergebrannt. In seiner Schrift „Wider die mörderischen und räuberischen Rotten der Bauern" fordert er zum schärfsten Vorgehen gegen sie auf. Mehr als 100.000 Bauern werden hingerichtet. Ihre Familien fallen ins tiefste Elend.

Würzburg will eine freie Reichsstadt werden. Ein politisches Schnellgericht verurteilt den Künstler zur Folter. Das bricht ihn seelisch, ihn, der so ausdrucksstarke, beseelte Figuren geschaffen hat. Trotz der Folter gilt Tilman als begnadigt, weil er nicht gehenkt wird. Später kann er wieder Reparatur-Arbeiten ausführen.

71 Jahre alt, stirbt er und ist lange Zeit vergessen. 1820 aber findet man im alten Domfriedhof von Würzburg eine Grabplatte mit dem Namen Tilman Riemenschneider. Unzählige Beter hat er zur Andacht geführt, anderen ist die Kostbarkeit des Menschen aufgegangen.   *PWP*

Priester-Arzt Sebastian Kneipp

Bad Wörishofen ist ohne Sebastian Kneipp (1821-1897) nicht denkbar. Der Arzt und Pfarrer kommt 1855 als Beichtvater ins Bauerndorf Wörishofen.

Prompt setzt er seine Vorstellungen von der Heilkraft von Wassern und Kräutern in die Tat um, ohne dafür Geld einzustreichen. Bald beklagen sich Ärzte über diesen Heilpraktiker beim Bischöflichen Ordinariat, das von Kneipp eine Stellungnahme anfordert. Früher, so der Priester, konnten die Schwestern des Ortes nur wenige Waisenmädchen in ihre Schule aufnehmen, jetzt sind es bald über hundert.

Nothelfer während Cholera-Epedimie

Zuerst kommen hilflose Arme zu diesem merkwürdigen Spiritual und Katecheten, später auch Langzeit-Kranke, schließlich auch Geistliche. Siebzehn Personen, denen Kneipp helfen durfte, schildert er in seiner Antwort. Die Kneippsche Laufbahn beginnt mit einer sterbenskranken Magd, bereits vom Arzt aufgegeben, welcher der Kaplan durch gute Ratschläge zur Genesung verhilft. Ebenso 1854 beim Kampf um 42 Cholera-Kranke, denen der Seelsorger Schwitz-Kuren verordnet. Alle 42 werden wieder gesund, während fast 3.000 Münchener an Cholera sterben. Als der Natur-Heiler angezeigt und zu 2 Gulden Geldstrafe verurteilt wird, wird er beim Bezahlen vom Landrichter gefragt, ob er ihm gegen Gicht helfen könne. Er schreibt ihm ein Rezept und gewinnt so das Herz des Richters.

Tausende geheilt durch Natur-Medizin

Mit der Zeit kommen Tausende zum Natur-Talent Kneipp, sogar Medizin-Professoren. Einige Ärzte lernen jahrelang bei ihm. Woher hat der Weber-Sohn sein Wissen? Als Kind hat er nur im Winter Unterricht bei einem Schuster bekommen. Vom 12. Lebensjahr an hat Sebastian als Web-Gehilfe täglich 5 Ellen Leinen zu weben und im Sommer auf dem Feld zu helfen. Sein Vater gibt ihm Rechen-Unterricht. Bis zum 21. Lebensjahr klopft der Studier-Willige vergeblich bei etwa 30 Geistlichen an, die ihm helfen möchten, sein Theologie-Studium zu finanzieren. Doch vergeblich. Erst sein letzter Versuch ist erfolgreich. Er erhält Unterricht, Kost und Logis und wird später im Gymnasium in Dillingen aufgenommen, danach im Priesterseminar, obwohl er durch Krankheiten schwer behindert ist.

Erst kuriert er sich selbst, dann andere

Ein 100 Jahre altes Buch über Wasser-Therapie von Dr. Hahn kauft Kneipp, um sich selbst zu kurieren, später zusätzlich durch Güsse mit der Gießkanne. Im Winter nimmt er bei Kälte alle paar Tage ein Sekundenbad in der Donau und läuft sich, ohne sich abzutrocknen, auf dem Heimweg warm. Weder Vor- noch Nachteile. Tbc hat Kneipp bereits als Kind überwunden. Als junger Mann kämpft er immer weiter um seine Gesundheit. 1852 wird er, 31 Jahre alt, zum Priester geweiht. Er, der Leidende, kann die Leidenden nie vergessen. Sein starker Wille und die Hilfe seines Stadtkaplans Merkle, inzwischen Professor, lassen ihn Schwierigkeiten durchstehen.

Volksmissionar Pater Kneipp

Predigten des eifrigen Volksmissionars Kneipp sind heute noch erhalten. Mit Hingabe hilft er darüber hinaus in allen Lebensbereichen: Beim Ackerbau, bei der Bienenzucht, beim Futter-Anbau fürs Vieh. Am wichtigsten ist ihm aber doch die menschliche Seele. Über jeden dieser Lebens-Bereiche schreibt er kleine, weit verbreitete Bücher. Als Frühaufsteher übernimmt er zusätzlich die Pfarrei Wörishofen. Zugleich bewahrt er sein Charisma: Zwölf verschiedene Wasserguß-Arten entwickelt er, um die Durchblutung des Körpers zu fördern. Wo er nicht mehr helfen kann, sagt er das offen. Aber er nimmt sich Zeit für alle, wie heute noch im Kneipp-Museum von Bad Wörishofen dokumentiert.

Vorträge in Berlin, Paris, Wien

Seine Vorträge in der Wandelhalle des Klosters führen zu Einladungen bis nach Berlin, Paris, Wien und Genf. Zeit, seine Methoden aufzuschreiben, hat er nicht, diktiert sogar Amtspost anderen – bis ein späterer Erzabt von Beuron sich den Bestseller „Meine Wasserkur" (1886) ins Steno-gramm diktieren läßt. Es folgen „Mein Testament für Gesunde und Kranke" und Aufsätze in den Kneipp-Blät-tern. Seine Heilanstalten übergibt der Pfarrer Ordensleu-ten, ebenso deren Löhne, dazu viele Spenden. Erzherzog Josef von Österreich finanziert den Bahn-Anschluß und die Elektrifizierung von Wörishofen (1896). Kneipp wird von Papst Leo XIII. eingeladen und erhält die Würde eines Monsignore. Als er 1897 stirbt, baut ihm Wörishofen als Dank eine kleine Grab-Kapelle. *SR.A.*

Der Arzt von Nagasaki – Takashi Nagai

Wiederholt in meinem Leben denke ich, mein letztes Stündlein sei gekommen. Manchmal habe ich gar keine Zeit mehr, zu überlegen. Etwa im Vietnam-Krieg 1975, als ich dort versuche, Kinder zu retten. Die Redaktion der Lippstädter „Neuen Bildpost", für die ich zwischen 1972 und 1997 als Seelsorger und Journalist tätig bin, hat mich nach Vietnam geschickt. Neben US-Soldaten stehe ich unter Kugelhagel auf dem Dach zum Innenhof der festungsartigen US-Botschaft von Saigon. Ich sehe, wie sich die Soldaten abrollen lassen, weil sie beschossen wer-den. Ich an ihrer Seite, einen Freund suchend, ahme sie blitzschnell nach. Ähnlich im Bürgerkrieg des Libanon, als unser Auto in einer Gefahrenzone plötzlich steckenbleibt und ich einem Maroniten-Pater hinterherrenne.

Aus all diesen Nöten und noch weit mehr rettet mich der gute GOTT. Er hat noch anderes mit mir vor. Doch all diese Schreckens-Situationen sind nichts im Vergleich zu einem Atomkrieg. Für mich ist es ein Wunder, daß es in den letzten Jahrzehnten nicht zu einer weltweiten Explosion gekommen ist. Und ich bin überzeugt, daß dies den Betern, die ganz mit JESUS und der Kirche leben, zu verdanken ist – neben der Barmherzigkeit GOTTES. Das Gebet ist stärker als jede Wasserstoffbombe, möchte ich der ganzen Welt zurufen. Und zugleich eine Persönlichkeit vorstellen, welche, als Atom-Opfer, uns eindringlich mahnt: Den japanischen Medizin-Professor Takashi Nagai (†1951).

Ihren 1908 geborenen Sohn bezeichnet Familie Nagai als Takashi, als Vornehmheit, und umschreibt damit sein Leben im voraus. Dennoch ist der junge Mann, 20 Jahre alt, Atheist. Er fängt an, Medizin zu studieren. Erstaunlicherweise weckt der französische Philosoph Blaise Pascal (†1602) in dem Studenten die Frage: Was ist der Sinn meines Lebens?

In Nagasaki hört er das Geläut der Kathedrale. Nagai wird absichtlich Untermieter einer katholischen Familie, die er genau beobachtet. Während der 250jährigen Verfolgung der Kirche in Japan ist ihr Haus geheimer Treffpunkt der Christen. Der Aufenthalt in dieser Familie öffnet weit das Herz des jungen Atheisten. Als 25jähriger Militär-Arzt muß er 1933 in den japanisch-chinesischen Krieg einrükken. Das Grauen prägt ihn. Nach seiner Heimkehr läßt er sich von einem Hausmeister, einem schlichten Katholiken, Konvertiten-Unterricht geben. Trotz elterlicher und japanisch-traditioneller Widerstände läßt sich der junge Radiologe 1934 taufen. In seinem damals gefährlichen Beruf wird der Unermüdliche Professor. Jeder Patient ist ihm Bruder, für den er betet. Mediziner zu sein, sieht er als Berufung durch GOTT.

Von 1934 bis 1940 muß Prof. Nagai wiederum als Militär-Arzt einrücken. Nach seiner Heimkehr röntgt er wegen der weit verbreiteten Tuberkulose zehntausende Patienten. 1945 bekommt er selbst Leukämie. Die Lebenserwartung damals: 2 bis 3 Jahre. Da trifft – am 9. August 1945 den Kranken ein Schlag, der ihn fast völlig umwirft: Die Atombombe. 72.000 Tote, 100.000 Schwerverletzte in Nagasaki. Aus den Trümmern herausgezogen, doch selbst verwundet, versorgt er dennoch Verletzte, bis er zusammenbricht. Sein Haus ist zertrümmert, seine Frau tot. Im Skelett ihrer rechten Hand findet er ihren geschmolzenen Rosenkranz. Später auch den Corpus des 250 Jahre alten Familienkreuzes. Prof. Nagais wissenschaftliche Arbeit ist zerstört. Eine Teehütte an den Trümmern seines Hauses wird seine Klause. Im Bett liegend, von einem Gestell unterstützt, schreibt er in seinen letzten 6 Lebensjahren 15 Bücher: Friede ist nur durch Liebe, Ehrlichkeit und Geduld zu erringen – auf echtem Glauben. Der Tenno besucht den „Nationalhelden", der von Briefen und Besuchern überschwemmt wird. Einige 10.000 Briefe sind erhalten.

Schon 1945 verfaßt Takashi Nagai ein Abschiedsgedicht. Da sagt ihm eine innere Stimme, er solle Pater Maximilian Kolbe (†1941 in Auschwitz) um Fürbitte anrufen. Einst hat der Radiologe den polnischen Nagasaki-Missionar und späteren Märtyrer medizinisch behandelt. Der Professor ist überzeugt, daß er der Fürsprache von Pater Kolbe eine Besserung verdankt. Der Arzt hat den Mut, seinen fassungslosen Landsleuten zu erklären: Nagasaki ist ein von GOTT auserwähltes Sühneopfer für die Weltkriegssünden aller Nationen. 1951 stirbt der Tapfere mit dem Rosenkranz in der Hand, den ihm Pius XII. geschickt hat. 20.000 Trauernde kommen zum Requiem. Der Grabspruch, zuvor ausgesucht: „Wir sind unnütze Sklaven. Wir haben nur unsere Schuldigkeit getan" (Lk 17,10). Der Europäischen Ärzteaktion (A-5580 Tamsweg) ist zu danken, daß sie auf diesen großen Japaner in Wort und Schrift ausführlich aufmerksam macht.   *PWP*

Marie Curie und die Atomkraft

Am 6. und 9. August 1945 werfen die Amerikaner Atombomben auf Hiroshima und Nagasaki. Sie töten 100.000 Menschen sofort, an den Folgeschäden sterben bis Ende 1945 weitere 130.000 Menschen. Jede Atombombe verseucht die Menschen radioaktiv. Wer sind die Entdecker der radioaktiven Strahlung?

Marya Sklodowska Curie ist Physikerin und erhält als erste Frau der Weltgeschichte 1903 den Nobelpreis verliehen. Dies nicht nur einmal, sondern gleich zweimal. Sie ist Polin, lebt und arbeitet aber als Wissenschaftlerin in Frankreich. 1867 kommt sie in Warschau zur Welt, besucht das Gymnasium und legt das Abitur mit Bestnoten ab. Sie würde gern studieren, doch Frauen sind in Polen noch nicht an der Universität zugelassen. Reine Männer-Domäne seit mehr als tausend Jahren. So geht sie 1891 nach Paris, um an der berühmten französischen Universität Sorbonne um Aufnahme zu bitten. Hier bekommt sie als eine von 120 Frauen Einlaß zum Studium von Mathematik und Physik. Sie ändert ihren Namen und nennt sich von nun an Marie.

Schon vier Jahre später heiratet sie den Physiker Pierre Curie und untersucht seit 1897 mit ihm zusammen die Strahlung von Uranium-Salzen, welche Henri Antoine Becquerel kurz zuvor entdeckt hat. Auch die natürliche

Radioaktivität im Uran hat er an der Pariser Sorbonne bemerkt. Heinrich Hertz hatte 1888 die Existenz elektromagnetischer Wellen nachgewiesen, und der Physiker Wilhelm Conrad Röntgen hatte 1895 die X-Strahlen (Röntgenstrahlen) an der Universität Würzburg entdeckt. Doch steckt die Forschung noch in den Kinderschuhen, als Marie und Pierre Curie an der Sorbonne ihre Arbeit aufnehmen.

Weder Atomkerne sind bekannt noch das Wort „Radioaktivität". Erst später wird dieser Begriff auf Anregung Marie Curies gebräuchlich für Uran und andere Stoffe, die Strahlung aussenden. Heute weiß die Wissenschaft: Röntgenstrahlen sind elektromagnetische Wellen mit Quanten-Energien oberhalb von 100eV. Das Ehepaar Curie fragt sich nun: „Gibt es ähnliche Substanzen wie Uran, die ähnliche Strahlen aussenden?" Sie finden tatsächlich eine ähnlich ausstrahlende Substanz: Pechblende, ein Salz. Jetzt ist die Frage: „Kann man die Strahlung absondern von der vorliegenden Materie?"

1898 der Durchbruch: Pierre und Marie gelingt es, ein stark ausstrahlendes Element abzusondern. Sie nennen es Polonium. Bald darauf entdecken die beiden ein weiteres strahlendes Element: Radium, das „Strahlende". Beides sind radioaktive Substanzen. 1903 dann der große Tag für das Forscher-Ehepaar: Zusammen mit Becquerel erhalten sie den Nobel-Preis für Physik.

Da die Curies bei ihren Forschungs-Arbeiten erkennen, daß Radium auch für medizinische Zwecke genutzt werden kann, erprobt Pierre Curie die Wirksamkeit der radioaktiven Strahlung in Selbstversuchen am eigenen Körper. Daher wird die Radium-Therapie heute auch Curie-Therapie genannt. Daß die radioaktiven Strahlungen Schäden am Körper hinterlassen, bleibt den Curies nicht verborgen.

Aber Marie Curie hat auch Feinde: Insbesondere Teile der Männerwelt können die Erfolge und das Wesen der modernen Frau nicht dulden. „Sind nicht Frauen geschaffen, um dem Mann zu dienen, Kinder zu erziehen, in der Kirche zu beten und die Berufswelt dem Mann zu überlassen?!" Von allen Anfeindungen aber läßt sich die Wissenschaftlerin nicht beirren. Auch nicht von ihren gesundheitlichen Problemen und einer Fehlgeburt 1903. Sondern sie forscht und lehrt unermüdlich weiter: Ihr Leben gilt der Wissenschaft. Sie hat in dieser Welt erreicht, wonach sich viele Menschen sehnen, doch was ist mit ihrer Seele? Wenn sie ihre Talente und Erfolge, als von dem guten GOTT geschenkt, angesehen und ihren Dank IHM zurückgeschenkt hat, dann ist sie auch vor GOTT groß.   *SR.A.*

Die unverweste Katharina

Als die 24jährige Novizin Katharina Labouré nachts am 18. Juli 1830 im Mutterhaus der Vinzentinerinnen in Paris betet, erscheint der jungen Ordensfrau die GOTTES-Mutter: „Mein Kind, ich will dir einen Auftrag geben. Du wirst dabei viel Widerspruch erfahren, aber fürchte dich nicht. Die Gnade wird dir helfen."

Dreimal erscheint der jungen Ordensfrau Katharina die GOTTES-Mutter und bittet sie, dafür zu sorgen, daß eine Medaille geprägt wird, die überall verteilt werden soll, um die Menschen zu schützen und ihnen Gnaden des Himmels zu vermitteln. Wunder über Wunder sind bis heute nachgewiesen bei Menschen, die mit dieser wunderbaren

Medaille in Berührung kamen. Maria steht auf der Erdkugel, unter ihren Füßen die Schlange, in der Hand hält sie eine goldene Kugel, von ihren Händen gehen Strahlen aus: „Diese sind das Sinnbild der Gnaden, die ich allen schenken werde, die mich darum bitten!" Dann schaut Katharina die Inschrift, die die Medaille erhalten soll: „O Maria, ohne Sünde empfangen, bitte für uns, die wir zu dir unsere Zuflucht nehmen." Ein Kranz von 12 Sternen umrahmt das Gnadenbild.

Ihre drei nächtlichen Visionen teilt Sr. Katharina nur ihrer Oberin und ihrem Beichtvater mit. Keine ihrer Mitschwestern wird bis zum Tod Katharinas wissen, daß sie mit einer Visionärin zusammengelebt haben. In aller Demut und Bescheidenheit arbeitet Sr. Katharina jahrzehntelang in einem der vielen von den Vinzentinerinnen geleiteten Altenheimen in Frankreich. Nur der Bischof wird es erfahren, denn der Beichtvater Pater Aladel wendet sich schließlich mit Genehmigung der Oberin an den Erzbischof von Paris, Monseigneur de Quelen, damit dieser die Prägung der Medaille genehmige. 1832 stimmt der Erzbischof zu. Voller Ehrfurcht küßt Sr. Katharina die erste geprägte Medaille: „Jetzt muß man sie verbreiten! Wie schön wird es sein, wenn man sagen wird: Maria ist die Königin der Welt!"

Schnell breitet sich die Medaille über Frankreich aus, dann auch auf andere Länder. Sr. Katharina hilft mit beim Verschenken. Auffallend viele Bekehrungen zum katholischen Glauben wie die von Alfons von Ratisbonne 1842 stehen im Zusammenhang mit dem Tragen dieser Medaille, wundersame Fügungen und Wunder. Im Zweiten Weltkrieg berichtet ein Soldat: „Auf dem Boden sah ich etwas glitzern und beugte mich nieder, um die Erde wegzuschaben und zu sehen, was da so leuchtete. In diesem Augenblick fegten mehrere Schüsse und Kugeln über meinen Kopf hinweg. Heute weiß ich: Am Boden lag die Wunderbare Medaille. Ja, so hat mir die Heilige Jungfrau das Leben gerettet. Ich trage seither immer die Medaille."

1806 wird Katharina als neuntes von elf Kindern in Burgund geboren. Ihr Vater ist Bauer, ihre Mutter Dorflehrerin, verstirbt aber früh, so daß die 12jährige den Haushalt für die Großfamilie führen muß. Jeden Morgen besucht sie die hl. Messe und betet viel, so daß ihre Freundinnen sagen: „Sie ist ganz mystisch!" Im Traum erscheint ihr ein alter Priester, der sie auffordert, sich kranker und alter Menschen anzunehmen, denn „GOTT hat große Absichten mit dir." Katharina ist nun fest entschlossen, Ordensfrau zu werden.

Doch da ihr Vater seine Zustimmung verweigert und sie in ein Arbeiterlokal ihres Bruders zum Geldverdienen schickt, dauert es bis zum 21. April 1830, bis sie ihn von ihrer Berufung überzeugen kann und sie ins Kloster der Vinzentinerinnen in Paris eintreten darf. Gleich nach dem Noviziat in Paris wird sie als Ordensschwester in das Altenheim von Enghien versetzt, wo sie alle anfallenden Arbeiten verrichtet, einschließlich des Hühnerhofs, der Waschküche, im Garten und im Haushalt. Voller Liebe, Ruhe und Demut pflegt sie dabei die alten und kranken Menschen. Bis sie 70jährig am 31. Dezember 1876 stirbt.

1907 beginnt ihr Seligsprechungsprozeß. Als Kardinal Verdier 1933 ihren Sarg öffnen läßt, ist ihr Leib unversehrt und unverwest. Selbst die Augen der Toten haben ihre blaue Farbe behalten. Unter Aufsicht von Ärzten und Klerus wird der unverweste Leib in einen Glasschrein gelegt, wo Sr. Katharina noch heute in der Kapelle in der Rue du Bac im Mutterhaus der Vinzentinerinnen zu sehen ist. Am 27. Juli 1947 spricht sie Papst Pius XII. heilig.   *SR.A.*

Abbé Stock – In der Hölle von Paris

Abbé Franz Stock (1904-1948), deutscher Seelsorger in Paris. Der Westfale hat 3 Semester in Paris studiert und wird schon 2 Jahre nach seiner Priesterweihe (1932) Rektor der deutschen Gemeinde in Frankreichs Hauptstadt.

Im NS-Deutschland weckt das vertrauliche Verhältnis des Priesters zu vielen französischen Freunden das Mißtrauen der Gestapo. Im Herbst 1940 ist er wieder in Paris, dort „Erzengel in der Hölle" genannt. Als Standort-Pfarrer im Neben-Amt betreut er Zivil-Häftlinge in Wehrmachts-Gefängnissen und fährt mit dem Fahrrad zu ihnen. Auf Lkws nimmt Stock neben gefesselten Gefangenen Platz, um vor Hinrichtungen noch Beichten zu hören. Immer hat er für solche tragischen Umstände das Allerheiligste bei sich.

Im Herbst 1941 erklärt Hitler alle vom Militär Festgenommenen zu Geiseln, die jederzeit ohne Urteil erschossen werden dürfen. Im Winter 1941/42 erlebt der Priester etwa 500 Hinrichtungen. 1944: Abbé Stock kann die wachsende Zahl von Todgeweihten nicht mehr zur Hinrichtung begleiten. Zuvor kommt er – nicht zuerst als Deutscher, sondern als Priester. In sein Tagebuch schreibt er: „Er glaubte nicht, bat mich aber doch, ihn zu begleiten." Ein anderer fragt: „Haben Sie ein Kruzifix?" Zuletzt küßt er das Bild seines Sohnes. – Der Priester nimmt Fotos und Ringe entgegen, gibt Grüße an Kinder und Bräute weiter.

In der Warte-Kapelle sind die Todesschüsse zu hören. Dort steht aus alter Zeit eine kleine Madonna. Auf dem Mont Valerien sterben 4.000 Widerstandskämpfer. Stock schreibt einem Freund: „Was ich erlebe, ist so furchtbar, daß ich nächtelang schlaflos liege." Und: „Es gab mehr als einen Schächer zur Rechten Jesu, der im letzten Augenblick zu Gott zurückfand." Einmal kauft der Abbé auf dem Flohmarkt Schuhe und Kleidung – für eine jüdische Familie.

Schon im März 1945 wird Stock aus alliierter Gefangenschaft herausgeholt und zum Regens eines Seminars ehemaliger deutscher Soldaten gemacht, die Priester werden wollen. Er lehrt Liturgie, Kirchengeschichte und Französisch. Im „Stacheldraht-Seminar" von Chartres fehlt es an allem: An Räumen und Heizung, an Brot und Büchern. Bis zu 500 Studierende, auch aus 25 Ordensgemeinschaften, sind am Lernen. Bischof Kaller/Ermland und Bischof Stohr/Mainz kommen zu Besuch, ebenso französische Bischöfe. Nuntius Roncalli, der spätere Johannes XXIII., umarmt Franz Stock: „Stock ist nicht nur ein Name, Stock ist ein Programm." 900 Studenten gehen durch das Seminar bis Ende 1947. Trotz viel Arbeit malt der Abbé das Haupt Christi in Dornen.

Nun wird Stock Seelsorger bei deutschen Zivil-Arbeitern. Doch er ist erschöpft und stirbt schon im Februar 1948 – ohne geistlichen Beistand – in einem Pariser Hospital. Als Gefangener wird er in einem Massengrab beigesetzt. Nuntius Roncalli segnet den Toten. Die Witwe eines Mannes, den der Priester die Nacht vor seiner Erschießung begleitet hat, wacht eine Nacht lang bei dem toten Priester. Trotz offiziellen Stillschweigens kommen ein Dutzend Dankbare zur Beisetzung. Das Holzkreuz wird nach 2 Jahren durch einen Grabstein ersetzt, den ehemalige Widerstandskämpfer und Angehörige von Erschossenen stiften. 1961 wird der Leichnam von Thiais bei Paris in die Kirche eines neuen Stadtteils von Chartres umgebettet. Abbé Franz Stock bleibt ein Zeuge der Versöhnung, die Jesus Christus möglich macht. *PWP*

Elisabetha: Fürstin und Nonne

Sie ist eine Enkelin der Königin Victoria, welche zwischen 1837-1901 das Britische Empire regierte, und wird 1864 im Großherzogtum Hessen-Darmstadt als deutsche Prinzessin geboren. Es ist der 1. November, das Fest Allerheiligen. Prinzessin Elisabeth (1864-1918) hat eine glückliche Kindheit, auch wenn die Erziehung streng ist. Protestantische Nüchternheit und die Umsetzung christlicher Tugend stehen im Vordergrund.

Als sie 14 Jahre alt ist, überlebt sie die in Hessen grassierende Diphterie-Epidemie. Ihre Mutter aber stirbt daran mit nur 35 Jahren, ebenso die jüngste Schwester. Jetzt übernimmt Prinzessin Elisabeth die Erziehung ihrer jüngeren Geschwister.

Die 14jährige ist hübsch und hat viele Verehrer. Ihre Bescheidenheit und innere Stärke sind anziehend für alle. Sogar der spätere Kaiser Wilhelm II. hält um Elisabeths Hand an. Doch sie verliert ihr Herz an einen russischen Prinzen, den Großfürsten Sergei Alexandrowitsch Romanow, einen der Söhne des regierenden Zaren Alexander II. Großfürst Sergei ist rauh und aufbrausend, ein Sonderling mit herrischem Auftreten. Elisabeths Familie ist entsetzt. Besonders Großmutter-Königin Victoria, die bereits den

Kronprinzen von Baden als Ehegatten für Elisabeth auser-
sehen hat. Hinzu kommt, daß die englische Königin politisch keine engere Verbindung mit Rußland und den
Romanows, der Zarendynastie, wünscht. In Rußland
herrscht der Zar allein, ohne Parlament, eine Tatsache, die
in England mit seiner parlamentarischen Monarchie als
längst überholt gilt. „Tyrannen" seien die Zaren, so Königin Viktoria, und Feinde der englischen Außenpolitik in
Asien. Doch Prinzessin Elisabeth hält dem Druck stand
und setzt ihre Liebesheirat mit Großfürst Sergei durch.
1884 findet die Hochzeit im Winterpalast in St. Peterburg
statt.

Aus Elisabeth wird nun die Großfürstin Jelisaweta Fjodorowna, auf Russisch: Elisabetha, Елісавета Ѳеодоровна.
Sie ist nun Mitglied der Zarenfamilie. Tief religiös und
mit einem Hang zur Mystik, fühlt sie sich von der russisch-orthodoxen Liturgie angezogen und konvertiert 1891
zur Orthodoxen Kirche.

Die Ehe aber wird für Großfürstin Elisabetha zu einer großen Enttäuschung. Ständig ist Sergei grundlos eifersüchtig
und macht ihr Szenen. Kinder bleiben ihnen versagt.
Umso liebevoller aber kümmert sich Elisabetha nach dem
Tod ihrer Schwägerin um deren Kinder. Ihr Mann wird
1891 zum Generalgouverneur von Moskau ernannt. Auch
hier entpuppt sich Großfürst Sergei als Despot. Konserva-
tiv monarchisch gesinnt, setzt er rücksichtslos die Interessen der Romanows durch. Dem Zeitgeist wird er nicht
gerecht, kann ihn wohl auch nicht recht einordnen: Was
sollen die neuartigen Forderungen des Bürgertums nach
parlamentarischer Mitbestimmung? Warum soll die jahr-
tausend-alte Leibeigenschaft der Bauern abgeschafft werden? Daß dies eine internationale Frage aufgrund der

Industriellen Revolution im 19. Jahrhundert geworden ist, begreift Sergei nicht, auch nicht die wachsende Not des Stadtproletariats. Kommunisten und bürgerliche Intelligenzija sind die Feinde des Zarentums, die zahlreichen politischen Morde eine Gotteslästerung.

1905 spitzt sich die politische Lage in Moskau zu. Intellektuelle, Sozialisten, Kommunisten und Anarchisten wollen die zaristische Autokratie stürzen. Schnell schlagen die Demonstrationen in mehreren Städten in Gewalt um, so auch in St. Petersburg. Doch Zar Nikolaus II., der seit 1894 den russischen Thron innehat, hält an der traditionellen Politik fest: Keine Bodenreform, keine parlamentarische Mitbestimmung, keine besseren Arbeitsbedingungen in den neuen Industrien. Sergeis harter Kurs in Moskau führt jedoch zur Eskalation in St. Petersburg, zum sogenannten Blut-Sonntag.

Am 4. Februar 1905 entzündet der Terrorist Iwan Kaljajew eine Bombe im Kreml in Moskau, die den Großfürsten treffen soll. Das Attentat gelingt, Sergei ist sofort tot. Fünf Tage lang zieht sich Elisabetha, tief erschüttert, in die Stille zurück, um zu beten. Vor der Beerdigung besucht sie den Attentäter im Gefängnis und überreichte ihm eine Ikone, denn sie möchte Frieden haben – auch mit dem Mörder ihres Mannes. Doch dieser bleibt unerbittlich: Der Großfürst sie ein „Unterdrücker und Werkzeug der Tyrannei". Elisabetha aber widerspricht und weist den Mörder zurecht: „Ihr irrt, mein Mann liebte das Volk und dachte nur an dessen Wohl. Daher ist euer Verbrechen nicht gerechtfertigt. Laßt ab von eurem Hochmut und bereut."

Ein Jahr lang trauert Großfürstin Elisabetha um ihren Mann, dann übergibt sie sich und ihr Leben vollständig Gott. Der Tod Sergeis wird zum Wendepunkt in ihrem Leben. Im Gebet und in der Stille erkennt sie die Nichtigkeit allen Seins und die Größe Gottes, für die sie nun allein leben will. Gott, dem Allmächtigen und Schöpfer allen Seins, will sie sich als Ordensfrau schenken: im ewigen Gebet, im Dienst an Leidenden, Kranken und Armen. Ihren Besitz als Großfürstin gibt sie den Romanows zurück, einschließlich des Eheringes, oder investiert das Geld in die Armenfürsorge. Ihr neuer Ehemann soll der Friedensfürst JESUS CHRISTUS werden.

Mit Unterstützung des Zaren gründet sie ein Kloster in Moskau und wird Nonne. Die russisch-orthodoxe Kirche erkennt ihren Schritt nach einigem Ringen an. Die Kloster-Regel der „Schwestern der Liebe und der Barmherzigkeit" verbindet Gebet und Arbeit, ähnlich den Benediktiner-Klöstern mit ihrem Wahlspruch „ora et labora", „Bete und arbeite!" 1909 nimmt das „Martha-Maria-Kloster" in Moskau seine Tätigkeit auf. Ein Krankenhaus gehört dazu, ein Waisenhaus und eine Bibliothek. Elisabetha ist nun hinabgestiegen in die Selbstvernichtung um JESU und SEINES Friedens-Reiches willen, ist arm geworden wie ER, um sich in Gebet, Armut und Arbeit aufzureiben für die Liebe. Alles soll Liebe und Frieden sein: Friede im Chorraum, Friede in den Krankenzimmern, Friede im eigenen Herzen. Eine kleine Vorwegnahme des ewigen Friedens im Himmel, dereinst bei Gott. Ihre letzten Worte vor dem Eintritt ins Kloster: „Ich verlasse die schillernde Welt, in der ich eine hohe Stellung eingenommen habe, und jetzt bin ich zusammen mit Euch dabei, hinabzusteigen in eine viel größere Welt – die Welt der Armen und Leidenden."

Elisabetha selbst leitet als Äbtissin ihr Kloster in aller Demut und Einfachheit. Sie liebt die Mystik, doch lehnt sie jede Übertreibung ab und bleibt stets nüchtern. Junge Frauen mit angeblichen Visionen und mystischen Erfahrungen, die in ihr Kloster eintreten wollen, nimmt sie nicht auf. Von dem berühmten „Wunderheiler" Rasputin hält sie wenig, doch setzt sie sich nach dessen Ermordung 1917 bei Zar Nikolaus II. für Barmherzigkeit gegenüber Rasputins Mörder ein.

1914 bricht der Erste Weltkrieg (1914-1918) aus und im Zuge dessen 1917 die Russische Revolution. Der Kommunist Lenin putscht sich in Moskau an die Macht und wird das Geschick des Landes in den nächsten Jahrzehnten bestimmen. Die Zaren-Familie läßt er im Namen der neuen „Diktatur des Proletariats" und der neuen „Gerechtigkeit" ins Gefängnis werfen und hinrichten. Ebenso alle Adligen, denen die Flucht nicht gelingt. Mehrere Bürgerkriegsjahre folgen.

Als die Bolschewiki im Oktober 1917 die Macht ergreifen, ist auch die Zeit für Äbtissin Elisabetha und das Martha-Maria-Kloster gezählt. Eine „Brutstätte des Aberglaubens" sei das Kloster, so die neuen Machthaber. Wieder ist es Kaiser Wilhelm II., der Elisabetha helfen möchte. Aus Deutschland bietet er ihr an, ihre Flucht zu organisieren, doch sie lehnt ab. Zu tief ist ihre Leidens- und Opferbereitschaft für CHRISTUS. Zu tief ihre Liebe zur ewigen Wahrheit.

„Frieden hinterlasse ICH euch, MEINEN Frieden gebe ICH euch, aber nicht wie die Welt ihn gibt!" (Joh 14, 27) Diese Worte JESU sind die Herzensmelodie von Schwester Elisabetha.

Im April 1918 verbannen die Bolschewiki sie während des beginnenden Russischen Bürgerkrieges nach Perm, dann nach Jekaterinburg, später nach Alapajewsk. Der Vorsitzende des Exekutivkomitees des örtlichen Gebietssowjets, Alexander Beloborodow, will sich aller Romanows entledigen. In Alapajewsk darf Elisabetha mit fünf anderen Verwandten der Zarenfamilie in einer kleinen Schule wohnen. Am 17. Juli 1918 wird die Zarenfamilie in Jekaterinburg ermordet, einen Tag später die Nonne Warwara Jakowlewa, die mit ihrer Äbtissin Elisabetha die Verbannung in Alapajewsk teilt.

Dann wird Elisabetha zusammen mit den anderen Todgeweihten durch die Kommunisten-Soldaten zu einer stillgelegten Grube gebracht. Etwa 30 Meter tief. Alle werden nacheinander in den Schacht gestoßen. Schwester Elisabetha schlägt mit dem Kopf auf und ist sofort tot. Die anderen singen Kirchenlieder. Verängstigte Menschen aus der Umgebung hören den Gesang, wagen aber nicht nachzuschauen. Allmählich erlöschen die Melodien. Die letzten Worte von Elisabetha Fjodorowna zu ihren Mördern: *„Herr, vergib ihnen, denn sie wissen nicht, was sie tun!"* (Lk 23, 34) Heute wird Elisabetha in der russisch-orthodoxen Kirche als Märtyrin und Heilige verehrt. Ihr Gedenktag ist der 5. Juli.   *SR.A.*

Savios Botschaft an Don Bosco

Von den Vorzeichen der Endzeit spricht JESUS selbst: Viele falsche Propheten und falsche Christusse kommen in seinem Namen (Mt 24,4). Tatsächlich existiert heute eine unendliche Zahl von Sekten.

Viele Christen lassen sich verführen (Mt 24,24). JESUS nennt Kriege und Kriegsgeschrei (Mt 24,6). Das gibt es fast zu allen Zeiten. Durch Druckereien und Internet, durch Fernsehen und Smartphone erleben die meisten Menschen heute eine weltweite, schnelle Verbreitung von Nachrichten, zumeist unwichtig. Auch Aufruhr in den Völkern (Mt 24,7) ist in fast allen Jahrhunderten verbreitet.

Die heute weltweit verbreitete Corona-Seuche – früher waren es Pest, Pocken, Cholera usw., die 400.000 Malaria-Toten jedes Jahres werden von den meisten übersehen – werden jetzt über die Medien stärker wahrgenommen. Die Zahl der Erdbeben hat zugenommen. Jesus nennt die entscheidende Bedingung für das Einsetzen des letzten Teils der Apokalypse: „Das Evangelium vom Reich wird auf der ganzen Welt verkündet werden, damit alle es hören. Dann erst kommt das Ende" (Mt 24,14).

Durch Smartphone und Telefon, Internet und Fernsehen ist heute diese Möglichkeit gegeben. Tatsächlich aber haben viele Menschen, z. B. in Diktaturen, Straflagern und islamischen Staaten, vom Reich Gottes noch nie gehört. Das Kommen Christi steht vor der Tür.

„Wenn Du größeren Glauben gehabt hättest…!" Dazu ein entscheidender Bericht von Johannes Don Bosco (1815-1888), des Gründers der Salesianer, eines großen italienischen Jugendseelsorgers mit zahlreichen End-Zeit-Visionen. 1876 erzählt der Heilige, wie er in einer seiner Traumvisionen Domenico Savio begegnet, seinem 1857 als 15jährigem verstorbenen, später heiliggesprochenen Schüler.

Domenico sagt: „Ich fungiere als Gesandter Gottes." Und er zeigt seinem Lehrer und ehemaligen Seelenführer zahllose Jungen in einem Salesianischen Garten: „Zähle sie, wenn du kannst. Aber sie wären hundert Millionen zahlreicher gewesen, wenn du größeren Glauben und mehr Vertrauen auf den Herrn gehabt hättest."

Der tiefgläubige Don Bosco, sogar mancher Wundertaten als Werkzeug Christi gewürdigt, ist bestürzt, fragt aber: „Was tröstete dich bei deinem Sterben am meisten?" – Savio: „Am meisten stärkte mich die Hilfe der machtvollen Mutter des Erlösers."

Don Bosco wollte den Jungen festhalten, bekam ihn aber nicht zu fassen: „Bist du denn nicht mit dem Leibe hier?" – Savio: „Wenn die Seele vom Leibe getrennt ist und sich mit Gottes Erlaubnis irgendeinem Sterblichen zeigt, behält sie ihre Form und äußere Erscheinung mit allen Eigenheiten desselben Leibes bei, wie sie auf Erden lebte und so, obgleich viel schöner, bleibt sie, bis sie am Tag des allgemeinen Gerichtes wieder mit dem Leib vereinigt wird. Dann nimmt sie ihn mit sich ins Paradies."

So erwarten auch die Heiligen im Himmel die Vollendung der Apokalypse. Nur von Maria wissen wir im Glauben, daß sie schon jetzt mit Leib und Seele in den Himmel aufgenommen ist.

Christus im Welt-Advent: Das Reich Christi ist noch nicht vollendet, auch wenn Christus schon jetzt durch seine Wunderzeichen und die Kirche der heimliche Herrscher ist. Ungebeugt verkündet die verfolgte Kirche Jesu Wahrheiten. Vorhergesagt ist durch Jesus auch: Der Sieg wird erst nach einem letzten starken Aufbegehren des Bösen erreicht. Jetzt wachsen noch Unkraut und Weizen miteinander bis zur Ernte (Mt 13,30) Im Leben des einzelnen „Weizenkorns" ist ein gewisser Fortschritt möglich. Doch es existiert kein allgemeiner, ständiger Fortschritt im Ausbreiten des Gottesreiches, sondern Gott selbst führt zuletzt den Sieg herbei – zum Erschrecken der Statistiker. „Ich sah die Heilige Stadt, das neue Jerusalem, von Gott her aus dem Himmel herabkommen. Sie war bereit wie eine Braut, die sich für ihren Mann geschmückt hat" (Apk 21,2).

Zuvor ist eine Scheinlösung angekündigt, ein falscher Messianismus durch Anti-Christusse, eine Selbstvergötzung des Menschen. Verfolgung enthüllt das Geheimnis der Bosheit. Wie oft haben sich Christen bis hin zu Bischöfen täuschen lassen. Satan ist durchaus in der Lage, Menschen schweben zu lassen und Scheinwunder zu wirken. Die wahren Wunder Christi aber, z. B. die Lossprechung von Sünden in der Beichte, werden von vielen Christen heute nicht wahrgenommen, obwohl sie von Jesus selbst versprochen sind und notwendig für den Aufbau des Reiches Gottes. Wer in der Beichte sich richten läßt, hat das Gottes-Gericht vorweggenommen.

Alljährlich üben wir den letzten großen Advent ein in unserem vorweihnachtlichen Advent: Eine Zeit der Buße. Fragen wir uns, was uns persönlich am meisten von Gott trennt, und ziehen wir tapfer Konsequenzen.   *PWP*

Basilius – Bischof mit Vorbild-Charakter

Basilius von Cäsarea (330-379 n. CHR.) ist ein hinreißender Redner, kraftvoller Bischof und gelehrter Schriftsteller. Schon zu Lebzeiten hat er den Beinamen „der Große". Er ist der Bruder des hl. Gregor von Nyssa und Freund des hl. Gregor von Nazianz. Er wächst in Kappadozien, der heutigen Türkei, auf.

Basilius studiert in Cäsarea und wird dort 356 Rhetorik-Lehrer. Auf seinen Reisen nach Ägypten, Palästina und Mesopotamien lernt er die Einsiedler-Mönche kennen, die ein Leben des Gebetes jenseits der turbulenten Berufswelt führen. Den begabten Lehrer Basilius ergreift die Sehnsucht nach Stille und einer Ganzhingabe an GOTT. Er verschenkt sein Vermögen und zieht sich als Mönch in die Einöde zurück, in die Gegend von Niksar.

Sehnsucht nach Stille

Dort arbeitet er eine Mönchsregel aus, die für das Mönchsleben der Ostkirche bestimmend wird. Später wird sich auch der hl. Benedikt von Nursia an ihr orientieren, wenn er seinen Orden gründet. Schon 360 schließen sich ihm mehrere junge Männer an. So entsteht das Buch „Philokalia", das die Schönheit der GOTTES-Liebe preist.

Kampf gegen Irrlehren

Doch für Basilius dauert die Zurückgezogenheit nicht lange. Schon nach fünf Jahren Mönchsleben ruft ihn die Kirchenpolitik zurück in die Stadt. Der Irrlehrer Arius verwirrt die Christengemeinden in Kleinasien, und das antiochenische Schisma droht, die abendländische und morgenländische Kirche zu spalten. Basilius muß das Volk im rechten Glauben unterrichten. Basilius begleitet seinen Bischof Eusebius nach Konstantinopel, wird 364 zum Priester geweiht und wird die rechte Hand des Bischofs im Kampf gegen die neue Irrlehre des Arianismus. Heroisch kämpft er für CHRISTUS und die wahre Lehre, unerschrocken gegen alle Gegner. Die Gemeinde gewinnt Basilius besonders lieb, als der junge Priester während einer großen Hungersnot Kranken- und Armenhäuser bauen läßt. Gleichzeitig verfaßt Basilius mehrere Bücher über den christlichen Glauben und die Liturgie. 370 n. CHR. empfängt er die Bischofsweihe und wird nach dem Tod des Eusebius sein Nachfolger, vom Volk einhellig gewählt. Auch das Amt des Metropoliten von Kappadozien bekommt er damit übertragen und wird Vorsteher von 50 Bistümern.

Standhaft für die Wahrheit

Der Kaiser, der auf der Seite des Arius steht, droht mehrmals mit der Amtsenthebung des neuen Metropoliten Basilius, doch bleibt er immer erfolglos. GOTT schützt Seinen Heiligen in dessen Amt. Basilius erringt hohes Ansehen im Ost- und Weströmischen Reich. Seine tiefe Demut vor GOTT ist sein Erkennungsmerkmal. Der Mailänder Bischof Ambrosius kennt die Schriften des Basilius und ist ihm freundschaftlich verbunden. 379 stirbt der 46jährige Basilius nach längerer Krankheit. Ein Vorbild für jeden Bischof heute, der angesichts der Zeitströmung schwankt und droht, von der wahren Lehre JESU abzuweichen. Für ihn gilt, wie für jeden Christen: „Man muß GOTT mehr gehorchen als den Menschen!" (Apg 5, 29)   *SR.A.*

II. Glück ist eine Entscheidung

Treue ist kein leerer Wahn

Als ich nach meinen Missionsjahren meinen Pfarrer in der Heimat besuche, erkennt mich dessen alter Hund sofort. Freudig springt er immer wieder an mir hoch. Es braucht lange, bis ich, den Hund beklopfend, ihn beruhigt habe. Wiedererkennen, eine Form der Treue.

Wer Wegstrecken gemeinsam gegangen ist, dem ist der andere vertraut geworden. Spuren dessen Lebens haben sich in ihm eingeschrieben. Mancher, der einen Ehepartner verlassen hat, erkennt Jahre später, daß die Trennung falsch war. Treue hält auch in den schwierigsten Augenblicken aus, selbst wenn ein Freund in einer Kurzschluß-Handlung einen als Wegwerf-Ware behandelt hat. Der Treue verzeiht solche Schwäche. Verdanken wir nicht alle dem ständigen Erbarmen GOTTES und Seiner Treue unsere Existenz?

Treu zu sein, heißt: Dem anderen zu sagen: Du bist einmalig, unauswechselbar. Wer so spricht, hat das Fundament tiefsten Vertrauens. Doch wo soll ein Enttäuschter die Kraft dazu hernehmen? Von der Treue GOTTES. Denn ER ist immer treu. ER kann gar nicht anders. Sogar Geschöpfen, die in die GOTTES-Ferne gefallen sind, erhält er das Leben. Er achtet auch deren Würde, die mit ihrer Erschaffung begonnen hat, auch wenn sie sich gegen IHN empören. Gerade deshalb ist ja, einen noch nicht Geborenen zu töten, eine so ungeheuerliche Anmaßung. Auch wenn dieser nur leiblich, nicht aber seelisch beseitigt werden kann und sich in der Ewigkeit zu Wort melden wird, verzeihend, wenn er um Verzeihung gebeten worden ist und auch Sein Schöpfer.

Das wissen, mehr oder weniger im Herzen verborgen, auch die Befürworter der Abtreibung, und manche schützen sich durch Geschrei („Menschenrechte!") und durch verharmlosende Ausdrücke („Schwangerschafts-Unterbrechung!" – Wie sieht man unterbrochen aus?). Nicht einmal eineiige Zwillinge haben denselben Fingerabdruck.

Treu sein kann eher der, der ein gesundes Selbstwert-Gefühl hat, das seine Würde widerspiegelt. Eine echte Persönlichkeit bleibt GOTT treu. Das vermag sie jedoch nur, wenn sie sich täglich, ja stündlich GOTT öffnet. Der große schweizerische Atom-Physiker Max Thürkauf war überzeugt, daß jeder Natur-Wissenschaftler täglich wenigstens zwei Stunden beten müsse, um den GOTTES-Glauben zu bewahren.

Wer durch die Taufe aus der Liebeskraft CHRISTI geprägt ist, hat erst recht das – oft verborgene Verlangen – treu zu sein. Auch um GOTT, der so oft angegriffen wird, zu trösten und IHM Dank für Seine CHRISTUS-Hingabe zu sagen. GOTT bleibt uns immer treu. Noch im Gericht wird ER uns sagen: „Du bist immer treu gewesen. ICH will dich über alles setzen" (Mt 25,21). Davor steht aber die Forderung JESU: „Wer im Kleinsten treu ist, der ist auch im Großen treu" (Lk 16,10). Und: „Wenn wir unsere Sünden bekennen, so ist ER treu und gerecht" (1 Joh 1,9). „Auch wenn wir untreu werden, bleibt ER treu" (2 Ti 2,13). *PWP*

Denk groß von GOTT!

Der Franziskaner Gereon Goldmann gerät im II. Weltkrieg in Nord-Afrika in Kriegsgefangenschaft. Der Haß, der ihm entgegenschlägt, ist groß. In seinem Briefwechsel mit einer Ordensfrau im heimatlichen Fulda, wird deutlich, am liebsten würde er davonlaufen. Doch diese ermutigt ihn: „Ich werde für Ihre Arbeit beten. Bleiben Sie!" Pater Goldmann bleibt.

Da geschieht ein Wunder. Ein Gefangener spricht bei dem Pater vor und sagt: „Ich möchte beichten!" Erstaunlich, denn der Mann ist Deutscher und Nationalsozialist. Der HERR-GOTT aber hatte irgendwie sein Herz angerührt durch die vielen Beichten im Lager. Es muß ihm zu Herzen gegangen sein, wie diese Mitgefangenen GOTT lieben, obwohl sie doch hungern, krank sind und den Tod vor Augen haben. Das läßt dem eingefleischten Atheisten keine Ruhe. In einem Gnaden-Moment reißt er sich zusammen. Will teilhaben an dem inneren Frieden, der aus den Augen der anderen Gefangenen leuchtet.

Doch so einfach ist das nicht für Pater Goldmann. Meint der Nazi das mit der Beichte ernst? Oder ist das eine Finte? Was kommt danach? Doch nach dem inneren Ringen entscheidet sich der Pater für das Gute und für seine Priester-Pflicht. Er läßt den Mann erneut kommen und teilt ihm mit: „Ich werde Ihre Beichte hören. Aber zuvor müssen Sie vier Wochen während der Meßfeier öffentlich vorne knien. Alle im Lager sollen sehen, daß Sie es ernstmeinen." Und ob es der Deutsche ernst meint! Vier Wochen nimmt er jeden Tag an der Feier des hl. Meßopfers durch

Pater Goldmann im Lager teil, kniet in aller Öffentlichkeit nieder als Zeichen der Buße.

Dann sein Wunsch an den Pater: „Ich habe öffentlich gekniet, so möchte ich auch öffentlich beichten!" So wichtig ist es für ihn, nicht nur Frieden mit GOTT zu schließen, sondern auch mit den Menschen, die er schikaniert hat. Der Pater willigt ein. Vor den Gefangenen bekennt er seine Sünden. Das Lagergespräch! Viele Gefangene, aber auch einzelne Nazis, folgen seinem Beispiel. Als der Pater einer Ordens-Schwester in Afrika davon in einem Brief berichtet, schreibt sie dem Pater zurück: „Ja, hart ist diese Gnade erkämpft worden. Jede Nacht habe ich sechs Stunden im Gebet verbracht."

Ohne Gebet geht nichts. Gebet ist der Liebes-Austausch zwischen Mensch und GOTT. Eine andere schöne Begebenheit aus der Nachkriegszeit. Pfr. Winfried Pietrek ist 13 Jahre alt und lebt im Riesengebirge. Da drückt ihm ein polnischer Franziskaner einen Zloty-Schein und einen Schlüssel in die Hand: „Fahr mit der Bahn! Hol mir Zeitschriften aus meinem Schrank." Eine Fahrkarte dorthin will er nicht kaufen, lieber Brot für das Geld, und zu Fuß gehen. So marschiert er zusammen mit seinen Freunden durch den Wald ins nächstgelegene Dorf. Doch mitten im Wald verliert er den ihm anvertrauten Schrank-Schlüssel. „Betet mit mir!", ruft er seinen Kameraden zu, „daß wir ihn wiederfinden!" Dann sein Schlachtplan: „Los, wir gehen zurück, bilden eine Kette und kämmen den Wald durch." So geschieht es. Bald darauf sieht er etwas auf dem Waldboden leuchten: Den verlorenen Schrank-Schlüssel.

„Wenn ihr Glauben habt und nicht zweifelt, dann werdet ihr zu diesem Berg sagen: Heb dich empor, und stürze dich ins Meer! Es wird geschehen!" (Mt 21,21). „Und alles, was ihr im Gebet erbittet, werdet ihr erhalten, wenn ihr glaubt" (Mt 21,22).

Glauben heißt jedoch: Mit jeder Faser unseres Lebens sich den Plänen GOTTES ausliefern. Oft sind sie anders als unsere eigenen Pläne. Doch GOTT ist weise und gut. Weit besser als wir weiß er, was langfristig besser und gut für uns ist. Daher dürfen wir IHM vertrauen. Das schönste Gebet: „JESUS, sorge DU!", „Ich vertraue auf DICH!" Dann haben wir keine Angst mehr vor der Zukunft und werden stark im Leid. Denn wir wissen: Am Ende wird alles gut.

Damit entfallen Murren, Vorwürfe, Unglauben. Und wenn wir nur stammeln: „HERR, Dein Wille geschehe!" Und uns ganz dem Geheimnis des liebenden GOTTES anvertrauen. GOTT läßt sich an Großherzigkeit nicht übertreffen. Bedingungslos glauben wie ein Kind.

Er ist kein ferner GOTT, denn seine Liebe durchpulst uns ständig. Sonst würden wir gar nicht existieren. Unendlich drängt es ihn aus Liebe, uns ständig beizustehen, wenn auch wir ihn ständig ansprechen. Jedes Gespräch braucht zwei Teilnehmer. Aus Liebe fordert er uns heraus: Mut und Zähigkeit, uns immer neu an ihn zu wenden, manchmal wie ins Dunkel hinein, wenn er uns lange zappeln läßt. Er hört uns immer, denn er ist überall. Wir müssen sogar seinen Weg gehen, weil wir sonst ins Abseits tappen. Auch dann sucht er uns noch. Solange wir auf Erden leben, sucht er nach unserer Hand. *SR.A.*

Heiterkeit der Seele

GOTT ist die Freude. Darum hat ER die Sonne vor Sein Haus gestellt. ER umfaßt und belebt Milliarden von Sonnen. Ohne IHN würden sie verkümmern. Ohne die Freude an GOTT verkümmert der Mensch. Freude zu haben, verlangt die Mitte des menschlichen Herzens. Freude ist die stärkste Antriebskraft gemeinsam mit ihrer Schwester, der Liebe.

Leider verirren sich viele Menschen auf ihrer Suche nach Glück an falsche, vorgegaukelte Freuden, gehen Irrwege, entwickeln Fehlformen des Liebesstrebens. Jede Sünde ist ein gigantisches, sachfremdes Irren. An großen Festen wird die wahre Freude gefeiert, etwa zur Hochzeit. Doch GOTT allein bleibt der ewige Bräutigam. Deshalb verkündet der Weihnachts-Engel den überraschten Hirten: „Siehe, ich verkünde euch eine große Freude, die dem ganzen Volke zuteilwerden soll" (Lukas 2,10). Ähnlich zu Ostern. Als der Auferstehungs-Engel den Frauen erscheint, den Stein von der Gruft des JESUS-Grabes wegwälzt und die Überwindung des Todes verkündet, da eilen die gerade noch Trauernden mit großer Freude zu den Aposteln. Denn echte Freude drängt es, sich mitzuteilen.

Schon die kleinste Blüte wendet sich hin zur Sonne. Uns Menschen drängt es, an Festtagen andere zu beschenken. Und wir blühen auf im Licht GOTTES, wann immer wir uns für IHN öffnen. Wir singen oder summen oder gehen beschwingt, wenn wir uns beglückt wissen. Auch die Arbeit geht uns leichter von der Hand. Zugleich macht das Singen gesund, weil es uns auf den Grundton des Lebens einstimmt, auf die Liebe GOTTES. In der seligen Ewigkeit werden wir nie verstummen können. Schon zu Zacharias, dem Vater des Johannes, sagt der Engel im Tempel, als er die Geburt des Täufers ankündigt: „Du wirst voll Freude und Jubel sein" (Lukas 1,14). Ähnlich später die Begeisterung der von JESUS ausgesandten 72 Jünger. Voll Freude berichten sie: „HERR, sogar die Dämonen gehorchen uns, wenn wir Deinen Namen aussprechen" (Lukas 10,17). ER bestätigt: „Im Himmel wird mehr Freude herrschen über einen einzigen Sünder, der umkehrt, als über 99 Gerechte, die es nicht nötig haben, umzukehren" (Lk 15,7). Auch der Einzug JESU in Jerusalem läßt alle Jünger freudig singen (Lk 19,37), ein Vorgeschmack von „When the Saints go marching in" – Wenn die Heiligen in den Himmel einziehen.

Überschäumende Freude kann fassungslos machen. Als der auferstandene JESUS Seinen Jüngern in Jerusalem erstmals erscheint und den völlig Überraschten Seine Hand- und Fußwunden zeigt, da staunen sie, können aber vor Freude immer noch nicht glauben, daß ER lebt (Lk 24,40). Als JESUS sich 40 Tage später von ihnen verabschiedet, zugleich Seine Wiederkunft verheißend und segnend zum Himmel auffährt, da ist dieser Abschied kein Grund für die ersten 120 Christen, sich verlassen zu fühlen – im Gegenteil! In großer Freude kehren sie mit Maria nach Jerusalem zurück (Lk 24,52).

JESUS selbst erzählt, wie die wahre Freude, nämlich das Himmelreich, zu finden ist (Lk 33,44). Ein Mann entdeckt diesen Schatz im Acker. Zuerst vergräbt der Glückliche diesen Fund wieder, damit ihm kein anderer zuvorkommt. Dann verkauft er voll Freude all seinen Besitz und kauft den Acker, die Seligkeit in GOTT. Ähnliches berichtet JESUS von einem Perlen-Liebhaber, der alles für eine besonders wertvolle Perle hingibt. Dem Schatzsucher und dem Perlen-Liebhaber geht es nicht um sich selbst. Sie wissen: Nur in wahrer Hingabe und Selbstlosigkeit ist die Freude zu finden. Das ist ja in jeder Ehe so, auch in jeder Berufung zur „Ehe mit GOTT". Johannes der Täufer spricht das deutlich aus. Als er vom Wirken JESU hört, nennt Johannes sich einen Freund des Bräutigams und erklärt: „Der Freund des Bräutigams, der dabeisteht und IHN hört, freut sich über die Stimme des Bräutigams. Diese Freude ist nun für mich Wirklichkeit geworden. ER muß wachsen, ich aber muß kleiner werden" (Joh 3,29/30).

Wer traurig ist, wende sich GOTT zu. Dann erfüllt sich JESU Wort aus Seiner Abschiedsrede: „Euer Kummer wird sich in Freude verwandeln" (Joh 16,20). Und: „ICH werde euch wiedersehen. Dann wird euer Herz sich freuen. Und niemand nimmt euch eure Freude" (Joh 16,22). Ähnlich beten Millionen seit Jahrtausenden im Psalm 30: „Du hast mich mit Freude gegürtet."   *SR. A.*

Großherzig schenken

Ein Pfarrer hing sehr an seinen Büchern. Doch immer, wenn er einen Fragenden und Ratsuchenden verabschiedete, durfte dieser ein Buch aus seinem Bücherschrank auswählen und mitnehmen. Manchmal war dabei ein kleiner Stoßseufzer des Priesters zu hören.

Gelegentlich brachten Beschenkte das Buch später wieder zurück, weil sich diese Seufzer herumgesprochen hatten. Früher stand sogar in Gebetbüchern: „Hier lasse man einen Seufzer fahren!" Gemeint war ein Bedauern der eigenen Schwächen oder ein Seufzer des Mitleidens mit JESUS. Wir sollten besser öfters ein Dankeschön einflechten.

Auch ein anderer alter Brauch ist aus der Mode gekommen: Wenn sich jemand mitten im Alltag besonders bewahrt oder beschenkt weiß, ging er zum Kreuz oder zu Maria mit ihrem Kind, um Danke zu sagen. Eine kleine Wohnungs-Wallfahrt. Ähnlich: Bevor ein orthodoxer Boten-Soldat seine Nachricht dem Offizier ausrichtete, ging er zur Ikone, um für den Weg zu danken.

Manchmal aber reißt uns GOTT im Erdenleben, auch wenn wir's nicht verstehen, aus Liebe gewaltsam von einem Menschen oder einem Besitz los. Auch dann Dankeschön sagen zu können, will zuvor eingeübt sein, von Kindesbeinen an. Deshalb tun Eltern, die ihrem Kind jeden Wunsch erfüllen, ihm keinen Gefallen. Das altbewährte Fasten- oder Advents-Opfer, z. B. mit einem Pappkästchen, hat schon tiefen Sinn. Solche Zeiten sollten jedoch mit mehr Gesang und Gebet begleitet werden, um die Opferbereitschaft aufzuhellen. Verzicht macht nicht ärmer, sondern reicher, wenn er ein Ziel hat und einen Sinn enthält. Insofern sind Christen anderen überlegen, weil sie ein wenig vom Kreuz CHRISTI übernehmen. Recht verstanden, spornt es an und stärkt. *PWP*

Der Wert des hl. Meßopfers

Täglich ist das größte Opfer weltweit Gegenwart: Das Opfer CHRISTI, das Kreuzesopfer, das Meßopfer. Es ist blut-notwendig um die Menschheit mit GOTT zu versöhnen. Was aber ist Sühne? Heilung und Wiedergutmachung der ungeheuren Herausforderung GOTTES durch die Absonderung von Ihm, durch die Sünde.

Obwohl wir ständig aus Ihm leben, wagen wir Seine ewigen Existenz-Prägungen vermessen abschütteln zu wollen. Diesen Aufstand gegen den Schöpfer kann kein Geschöpf gutmachen. JESUS, der GOTT-Mensch selbst, mußte kommen, um Versöhnung und Heilung durch Seine Hingabe zu erwirken. Sie vollzieht sich in jeder heiligen Messe, die deshalb ein wirkliches Opfer ist, die Kraft der Sühne und Wiedergutmachung. Wer sich ihr anvertraut, wird gerettet. Denn das Meßopfer ist lebensspendend. Deshalb ist es notwendig, es immer tiefer zu verstehen, mitzufeiern, mitzuvollziehen, zu leben. Die heilige Messe ist der von GOTT angebotene Versöhnungsbund, „Neuer Bund" genannt – im Gegensatz zu den Tieropfern im „Alten Bund" in den Jahrhunderten vor JESUS.

Als JESUS den Neuen Bund stiftet, nimmt ER nur Seinen Zwölferkreis mit in den Abendmahlssaal. JESU Einsetzungsworte über den Kelch mit Wein, der zu Seinem Blut wird, Seine Liebes-Hingabe, zeigen klar, daß ER sich opfern will, was Seine Apostel nachvollziehen sollen. Im biblischen Hebräerbrief und im Clemensbrief (kurz vor 100 n. CHR.) ist der Opfer-Charakter der heiligen Messe deutlich herausgestellt. Deshalb ist die Gemeinde gemeinsam mit dem Priester dem höher stehenden Opferaltar zugewandt, Golgatha.

Ausdrücklich stellt das II. Vatikanische Konzil, ohne eine Liturgie-Änderung vorzunehmen, fest: Der Gebrauch der lateinischen Sprache bleibt erhalten (Liturgie-Konstitution 36 §1), und die Gläubigen sollen „die ihnen zukommenden Teile des Meß-Ordinariums auch lateinisch miteinander sprechen oder singen können" (54). Wozu diese „Verfremdung" im Latein? Nicht nur um die weltweite Einheit (=katholisch) besser zu bewahren und zu bekräftigen, sondern auch um das Geheimnis dieser Opfer-Hingabe zu verhüllen. GOTT ist verhüllt. Der orthodoxe Priester geht für die Wandlungsworte sogar hinter die Ikonostase. Schon im Judentum zur Zeit JESU werden die Synagogen-Gottesdienste nicht in der Alltagssprache Aramäisch gefeiert, sondern in der Liturgiesprache Hebräisch: GOTT ist ein ganz anderer.

Wie aber ist das möglich, daß sich das Geschehen von Golgatha unblutig auf unseren Altären ereignet? Es ist nicht nur möglich dank der Allmacht des GOTT-Menschen JESUS, sondern das Nicht-Ereignen ist unmöglich, weil GOTT über Raum und Zeit existiert, und weil diese Liebestat von Golgatha seit je her in Seinem Herzen brennt und in Ewigkeit nie ausgelöscht werden kann.

Als Clara von Assisis Kloster, etwas außerhalb der Stadt gelegen, von Muslimen angegriffen wird, ergreift die Ordensfrau in höchster Not die Monstranz mit dem Allerheiligsten und treibt segnend die Angreifer in die Flucht. Das Allerheiligste ist JESUS selbst, der von sich sagt: „Ich bin das Brot des Lebens. Wer von diesem Brot ißt, wird ewig leben" (Joh 6,51). Und jeden – wie damals zweifelnde Apostel – fragt: „Wollt nicht auch ihr mich verlassen?" Mit Petrus fragen wir zurück: „Wohin sollten wir gehen?"

Doch wenn uns dies unschätzbare Sakrament geschenkt ist – warum finden sich dann zur Anbetung JESU nicht mehr Menschen ein? Es sind viele, wenn auch zu wenige: Im heiligen Meßopfer, auch in der Werktagsmesse und in Andachten, in Prozessionen und Anbetungs-Klöstern und Hunderttausenden von Kirchen und Kapellen. Damit die Zahl der Anbeter wachse, hat GOTT im Laufe der Jahrhunderte zahlreiche eucharistische Wunder gewirkt,

Danksagung für das unermeßlich große Geschenk, das er gleichsam als Pfand seiner Treue hinterlassen hat.   *PWP*

Das Leben ist (k)ein Spiel

Nicht nur Menschen, auch Tiere können spielen, etwa der Hund mit einem Stock oder ein Vogelpaar, das sich gegenseitig lockt. Die ganze Schöpfung ist verspielt. Über die Fähigkeit zu spielen, muß erst recht der Schöpfer in vollendeter Weise verfügen. Der Dichter des 104. Psalms greift das auf und berichtet – im Gebet –, wie GOTT mit dem Leviathan spielt, einem kosmischen Urviech. Auch von unserem Sonnensystem sagen Wissenschaftler, daß es durch den Weltraum tanzt.

Orientalen, die unsere Bibel unter Führung des GOTTES-Geistes niedergeschrieben haben, wobei sie ihre eigenen Anlagen einbrachten, sind spielerische Menschen. Kein Gleichnis, kein Ereignis wird so exakt wie andernorts wiedergegeben, sondern es lebt jedes Mal neu auf. Uns vernünftelnden Europäern leuchtet das nur schwer ein, und wir müssen – anders als auf orientalischen Märkten beim Preis-Schacher – das Spielen erst lernen. GOTT aber ist ganz offen zum Spielen, weil ER unsere Freiheit achtet. Wer allerdings das berühmte englische Abschiedslied singend verfälscht „Das Leben ist ein Spiel", der täuscht sich. Das Leben hat einen großen, aber nicht grenzenlosen Spielraum der Freiheit auf GOTT hin, eine Einladung zu immer größerer Liebe. Doch es gibt Spielregeln, die sich am heiligen Wesen GOTTES festmachen. Die kleine Theresia vom Kinde JESU (†1897) lebt jedenfalls: „Ich hatte mich dem Kinde JESU hingegeben, um sein kleines Spielzeug zu sein." Das alles in der Gewißheit, GOTT geht liebend, nie aber willkürlich vor wie Allah, der nach Lust und Laune in Paradies oder Hölle wirft, was Angst hervorruft.

Spielen heißt: Gelöst sein, geborgen wie ein hochgeworfenes Kleinkind, das lacht, weil es vertraut, daß es der Vater wieder auffängt. Spielen gehört also zum rechten GOT-TES-Begriff. Selbst wenn wir im Sterben „verlieren", sind wir geborgen. Wir üben es auch ein in Spielen wie „Mensch, ärgere dich nicht", wo wir lernen zu verlieren. Auch die Engel spielen. Für die zur Weihnacht auf den Fluren Bethlehems war das „Gloria in excelsis Deo" gewiß ein großartiges Spiel, eine heilige Liturgie im Rettungs-Spiel GOTTES.

Streit unter Spielenden ist nicht katholisch, weil jedes Spiel Gnade, Geschenk, Berufung ist wie bei Kindern, die mühsam weg vom Spiel nach Haus gerufen werden. Wären wir alle mehr ein Kind, hätten wir auch Freude an jeder Liturgie bis hin zu den Prozessionen. Die große Teresa von Avila (†1582) tanzte sogar mit ihren Schwestern um den Sarg einer Mitschwester, die das große Ziel schon erreicht hatte. Ähnlich merkwürdig wie die Echternacher Springprozession! Und Ignatius von Loyola (1556) ließ in den Erholungsheimen seiner Jesuiten auch Spiele bereitstellen, denn Spielen erfreut das Herz. Auch Singen ist ein Spiel, wenn sich tiefe und hohe Töne wohlklingend zusammenmischen und auch schiefe Töne eingeschmolzen werden. Bei meditativen Liedern zugleich das Spiel des Hörens und Antwortens auf das Echo GOTTES.

62

Wer nicht spielen mag, ist arm dran. Es fehlt ihm an Gelassenheit, das, was er tut, als Gebet anzusehen – was nicht heißt, innigere Gebete auszusparen. Spielen kann überhaupt nur einer, der zugleich das Leben ernstnimmt als Weg zu GOTT zwischen Himmel und Hölle. Auch unsere Sprache ist ein Spiel, an dem Jahrtausende gewebt haben, immer neu von den Fragen der Kinder angespornt und von der Entdeckerlust der Formulierenden. Schade, daß heute manche gar nicht mehr merken, wie herrlich ein Gedicht sein kann und Lyrik, in der die Ewigkeit durchscheint, in der Symbole tiefer begriffen werden, in welcher der Reim Heimholung in die Ewigkeit ist. Sogar wenn Pilger, als wäre ihr Weg ein Spiel, mit ihrem Stab aufstapfen, finden sie einen festen Grund: GOTT.   *SR.A.*

Ohne Geduld geht gar nichts

Wer sich selbst in den Mittelpunkt stellt, hat wenig Geduld. Alles soll schnell nach seiner Pfeife tanzen. Sich selbst billigt er ein eigenes Tempo zu – anderen nicht.

Geduld – eine Sache des Temperaments? Gewiß, auch. Doch von jedem ist unterschiedliches Gedulden verlangt. Dem einen fällt es schwer, ein Kind zu füttern. Ein anderer mag nur mühsam ein Buch zu Ende lesen, geschweige denn zur Bibel greifen, obwohl er nur kleine Teile von ihr kennt. Der Ungeduldige will sein Ziel sofort erreichen. Vorzeitig hört er auf zu beten. Er will den Zeit-Takt bestimmen, statt sich führen zu lassen. In einer Schlange zu warten, scheint ihm lästig. Er begehrt auf.

Hilf dem Ungeduldigen!

Er ist wie einer, der einen kleinen Schwäche-Anfall hat. Er braucht einen, der ihm Mut macht, z. B. etwas zu suchen. Vorwürfe sind die schlechteste Medizin. Dann stellt der Ungeduldige seine Stacheln auf und wird erst recht unzufrieden, weil ihm keiner hilft. Anders, wenn einer gelernt hat, den heiligen Antonius, den Helfer für alles Verlorene, (durch JESUS) anzurufen um Fürbitte. Schon dadurch wird der Suchende ruhiger, weil er auf übernatürliche Hilfe vertraut. Wem es gelingt, einen Zornigen zu besänftigen, der hat ein großes Werk getan. Denn Geduld pflanzt sich fort.

Mehr als geduldet

Die meiste Geduld mit uns hat GOTT. Selbst wenn wir hundertmal rückfällig werden, arbeitet ER an uns und wartet ab, statt uns endgültig zu verurteilen. „Habe Geduld mit mir, ich will Dir alles bezahlen!" (Mt 18,26), bittet der Schuldner seinen HERRN, hat aber selbst oft keine Geduld mit seinen Mitknechten. Doch wir sind, wie Paulus den Kolossern (1,11) schreibt: „Mit aller Kraft gekräftigt zu aller Geduld." Jakobus stellt uns in seinem Brief die Propheten als Vorbild in der Geduld vor Augen (5,10): Sie hielten auch im Leid durch, auch wenn GOTT sie aus Liebe lange warten ließ und ihnen viele Mißerfolge auferlegte – GOTT hat Zeit. ER schenkt uns zu Seiner Zeit die Gnade, erhört zu werden. Für den pragmatisch eiligen Menschen unseres 21. Jahrhunderts scheint das eine Zumutung. So stark hat uns das Tempo der Technik geprägt. Doch Geduld ist ein anderes Wort für Liebe. GOTT will uns zähmen.

Geduld ist Tapferkeit

Dem Christen bleibt oft keine andere Möglichkeit, als geduldig auszuharren, lebenslang. Seit vielen Jahrzehnten bekämpfen wir die Abtreibungs-Gesetze, müssen aber erleben, daß wir bisher erfolglos sind. Doch ist die Geduld in diesem Kampf nicht vergebens. Viele Kinder und Mütter wurden gerettet, viele kehrten zum Glauben zurück. Viele kleine Opfer haben mitgeholfen. Mancher hat erst im Kampf um das Lebensrecht tiefer begriffen: Alle Geschenke GOTTES müssen gemeinsam mit JESUS erlitten werden. Standzuhalten ist der Kern der Tapferkeit. GOTT hält immer stand, da die Kreuzesliebe seit je und für immer in IHM ist. Und dieses Golgatha im Meßopfer ist der Kraftquell für alle, die geduldiger werden möchten. Der Rosenkranz ist die „Kette der Geduld". Auch das hartnäckige Beichten kleiner Fehler. GOTTES-Liebe ist die stärkste Antriebskraft.

Den Geduldsfaden halten

Das Böse feiert immer Triumphe der Gewalt. Dagegen vertraut der Duldende zutiefst auf GOTT, vielleicht sogar manchmal vor dem Tabernakel. Zur Minderheit zu gehören, ist eine Begleit-Erscheinung der Geduld: Hoffen wider alle Hoffnung. Die Ewigkeit kennt sogar eine Geduld-Kur: den Läuterungs-Ort. „Gerettet wie durch Feuer hindurch", schreibt Paulus. Kein Ungeduldiger wird ins Himmelreich eingelassen. Eine Ewigkeit lang schauen die Geretteten voller Freude in Geduld auf die Herrlichkeit GOTTES.

PWP

Kampf um Gerechtigkeit

In jedem von uns steckt das Verlangen, gerecht behandelt zu werden. Eine Ur-Sehnsucht jedes Menschen! Sonst begehrt er auf. Warum werden andere bevorzugt? Selbstlose dagegen sorgen sich auch um diejenigen, die benachteiligt werden.

Auch die berühmteste Predigt JESU, die Bergpredigt, bestärkt das Verlangen nach Gerechtigkeit: „Selig die hungern und dürsten nach der Gerechtigkeit. Denn sie werden gesättigt werden" (Mt 5,6). Gerechtigkeit satt? Gibt's die in der sooft ungerechten Welt? Nein. Wir Menschen sind zu begrenzt, um es allen gerecht zu machen. Warum sind wir in keinem Hungerland zur Welt gekommen? Warum nicht als Königskinder aufgewachsen? Weshalb kein Wunderkind wie Mozart? Oder eines von den heiligen Kindern, die sogar mit ihrem Schutzengel sprechen durften?

Jedem das Seine

Die Verteil-Gerechtigkeit GOTTES ist unergründbar, weil hinter ihr die Liebe steht. Anders bei fast allen Heutigen: Irdische Ordnung und Gerechtigkeit, z. B. gleicher Lohn für gleiche Arbeit, also die wichtige materielle Gerechtigkeit, steht an erster Stelle. Und es ist richtig: Gib jedem das, was ihm zusteht. Allerdings sachgerecht und nach Leistung verteilt. Doch im Zeitalter des Internets eine Forderung, die keiner von uns erfüllt, sonst müßten wir unsere Mahlzeiten stets zugunsten der von Katastrophen Betroffenen halbieren. Jedem das Seine? Die biblische Auskunft lautet: Es existiert auch die Pflicht zur Selbstliebe, und jeder muß mit seinen Talenten wuchern. „Bei sozialistischer Gleichmacherei würde ich mich täglich auf einen Acht-Stunden-Tag beschränken", erklärt ein hochbezahlter Manager. Ihm geht es auch um äußere Leistung und Verantwortung, nicht zuerst um den Gleichklang der Herzen. „Den würden viele nur ausnutzen", verteidigt er seine Haltung.

Gerechtigkeit – weltweit

„Arme habt ihr allezeit unter euch", erklärt JESUS (Joh 12,8) und verweist auf ein noch wichtigeres Verhalten: „Suchet zuerst das Reich GOTTES und Seine Gerechtigkeit, und alles andere wird euch hinzugegeben werden" (Mt 6,33). Nicht nach irdischer, sondern nach göttlicher Gerechtigkeit sollen wir zuerst hungern und dürsten. Das aber ist die Liebes-Gerechtigkeit, die nichts für sich selbst sucht – wie JESUS. GOTT will uns wegbringen vom materiellen Denken, auch wenn das im irdischen Bereich oft notwendig ist: Steuer-Betrug z. B. bleibt Unrecht, weil der Betrüger die Bürger-Gemeinschaft bestiehlt. In äußerster, unverschuldeter Not Mundraub zu begehen, sah dagegen Kardinal Frings, Köln, für erlaubt an, z. B. beim Kohlediebstahl der Nachkriegszeit. Dafür ging sein Name durch das neue Wort „fringsen" in die deutsche Sprache ein.

Allergrößte Ungerechtigkeit

Vom allerersten Brudermord berichtet sogar die Bibel. Im 5. Gebot wird ausdrücklich vom „Morden" gesprochen. Viele, die sich zurecht gegen den mörderischen Kriegs-Ausbruch empören, schweigen, wenn es um Abtreibung des eigenen Nachwuchses geht. Doch das Lebensrecht ist das Grundrecht jedes Menschen, der mit der Zellverschmelzung im Mutterleib beginnt. Inzwischen töten fast alle Völker die Kleinsten, auch wenn manche die Mord-Welle etwas zu bremsen suchen. Die Veränderung des deutschen Mord-Paragrafen (heimtückische Tötung) erfolgte in der NS-Zeit, um unliebsame Gegner leichter ausschalten zu können. Doch Mord geschieht nicht nur mit dem Messer. Gegen die Gerechtigkeit geht auch der Rufmord an, ebenso unfaires Geschäfts-Gebaren, geistiger Diebstahl, Stehlen von Patenten usw., aber auch mangelndes Gebet, wodurch besonders Verantwortlichen wie Politikern und Bischöfen die Hilfe entzogen wird.

GOTT allein macht gerecht

Nämlich durch JESUS am Kreuz. Für uns Sünder besteht nicht der geringste Rechts-Anspruch, gerettet zu werden. GOTT gegenüber können wir nie auf Rechte pochen. Vor IHM bleiben wir Liebes-Schuldner. „Und wenn ihr alles getan habt, ihr seid unnütze Knechte" (Lk 17,10), verweist ER uns auf das Beispiel JESU und auf Seine uns zuvorkommende Gnade. „Selig, die verfolgt werden um der Gerechtigkeit willen" (Mt 5,10) bedeutet: Ein JESUS-Bekenntnis ablegen wie der Erz-Märtyrer Stephanus (Apg 7,56/59). Ein Christ darf sich deshalb nie auf „seiner Gerechtigkeit" ausruhen, z. B. Was soll ich denn schon beichten? Da GOTT alle Gerechtigkeit bewirkt, müssen wir uns von IHM immer neu das Gewissen schärfen lassen. *PWP*

Das Problem: Man betet nicht mehr

Damit trifft die Karmelitin Schwester Maria Lucia – Seherkind in Fatima 1917 – den Nagel auf den Kopf. Die Krankheit des 20. und 21. Jahrhunderts ist der Mangel an Gebet: Denn GOTT lieben kann nur jemand, der mit

IHM spricht, d. h. betet. Jede Liebe will Ausdruck. Und Ewigkeit. Wer betet, fühlt sich in GOTT geborgen und kann mit IHM Mauern überspringen. Das verkündet schon der Psalmist im Alten Testament.

Gebet gibt Sicherheit und Kraft. Der Trost GOTTES kommt auf uns herab. Wir erklären IHM unsere Liebe zu IHM und unseren Dank für all das, was ER uns schenkt. Leid und Freude opfern wir IHM auf, denn von IHM kommt alles, und wir legen es dankend wieder in Seine guten Hände. Seine Weisheit weiß es immer besser als wir begrenzten Menschen, die allzu oft nur kurzsichtig und egoistisch denken, was gut für uns ist.

Gebet ist Liebe

Jeden Morgen gilt unser erster Gruß IHM und unser Dank für den neuen Tag. Wir bitten um Seinen Segen. ER antwortet, denn ER ist ja schon vor uns da für uns. In der Stille des Gebets wirkt Sein heiliger Geist. Ein Geheimnis. Wir danken dafür. Dann bitten wir um Seinen Segen für den kommenden Tag: „JESUS, Du vermagst alles. Hilf uns, diesen Tag gut zu sein. Zu Dir, zu anderen, zu uns selbst." GOTT überfordert uns nie. ER ist ständig an unserer Seite, will nur angesprochen und beachtet werden. Denn ständig fließt Seine Liebe und Güte auf die Menschheit herab. Jeder, der guten Willens ist, erfährt dies, wenn er sich dem Gebet hingibt.

Rationalismus? Selbstverständlich ist der Verstand wichtig und ein Geschenk des Schöpfers. Aber er ist kein Absolutum. Verstand soll uns zu GOTT hinführen, nicht aber verabsolutiert werden, so daß wir vor lauter rational begründeter Sorge den Wald vor lauter Bäumen nicht mehr sehen. Wenn uns ein Bedürfnis nicht befriedigt wird, dann wissen wir, GOTT hat einen anderen Plan für uns, einen besseren. Oft erkennen wir das erst nach Jahren und denken: „Gut, daß das mit der Hochzeit nicht geklappt hat, jetzt habe ich einen viel besseren Partner bekommen. Danke, lieber GOTT!"

Gebet ist Wegweiser zum Himmel

Sr. Lucia aber meint in ihrem Brief an Pater José vom 13. April 1971 noch mehr, wenn Sie sagt, dem modernen Menschen fehle das Gebet. Gebet ist immer weltweit und überzeitlich: „Wir glauben an Dich, hoffen auf Dich und lieben Dich. Mache, daß alle Menschen an Dich glauben, auf Dich hoffen und Dich lieben!" oder: „Herr, erbarme Dich der ganzen Menschheit, wandle das Herz jedes Einzelnen, damit er Dich liebt!" Dann ist das Ziel des Lebens klar: Das Reich GOTTES. Hier auf Erden beginnend, und sich dann in der Ewigkeit vollendend. Leid ertragen, in Liebe, Demut und Opferbereitschaft, ohne zu klagen. Das schaffen wir nur mit JESU Hilfe. Und dazu müssen wir ständig unser Herz zu Ihm erheben und beten.

Gebet ist Hingabe an GOTTES Willen

„Ohne MICH könnt ihr nichts tun!", mahnt JESUS. Sr. Lucia empfiehlt: „Gehen Sie hin vor den Tabernakel und beten Sie. Dort werden Sie das Licht, die Kraft und die Gnade finden, die Sie benötigen als Hilfe, die Sie in der Folge anderen zuleiten können." Weiter hinten im Brief: „Folgen Sie diesem Weg, und Sie werden erfahren, daß Sie vor dem Tabernakel mehr Wissen, mehr Licht, mehr Kraft, mehr Gnade und Tugend finden als durch lange, zeitraubende Studien." Gebet führt uns ein in den Willen

GOTTES. Egoistische Wünsche erhört JESUS nicht. Denn diese schaden der Seele.

Den Willen GOTTES tun: In den von IHM geschickten, konkreten Zeitumständen und Lebensrealitäten die GOTTES- und Nächsten- und sogar Feindes-Liebe bewahren. Freude in GOTT ausstrahlen: In Krankheit, im Alltag, in einem Beruf, der einem gefällt oder nicht gefällt, in Glück, aber auch in schweren Stunden. Immer müssen der Glaube an JESUS, die Hoffnung und Liebe alles andere überstrahlen. Dann können wir mit Paulus sagen: „Nicht mehr ich lebe, sondern CHRISTUS lebt in mir." Nur durch angenommenes und aufgeopfertes Leiden und Kreuz gehen wir ein in das Reich GOTTES.

Gebet lehrt die Kreuzes-Liebe

Die Liebe zum Kreuz ist Voraussetzung für unsere Erlösung. JESUS hat es vorgelebt. Diese Grundhaltung müssen viele Menschen – auch Christgläubige – in unserem Jahrhundert wieder entdecken. „O crux spes unica!" – „O Kreuz, du unsere einzige Hoffnung." – „Zeit darf uns mangeln, für alles andere, nie aber für das Beten!", mahnt Sr. Lucia den Pater in ihrem Brief. Das gilt auch besonders für den schnell-lebigen modernen Menschen im 21. Jahrhundert.   *SR.A.*

Versöhnung – Schlüssel zum Glück

In einzelnen Familien existiert jahrelange Zerstrittenheit, z. B. um ein Erbe. Anderen Familien macht ein kurzer Streit nicht viel aus: Pack schlägt sich, Pack verträgt sich – wenn die Gemüter nicht so feinfühlig geprägt sind. Anlaß für Auseinandersetzungen im Alltag findet jeder zur Genüge: Vergeßlichkeit, Geld, mangelnde Sparsamkeit, Gereiztheit wegen irgendwelcher Maßnahmen, z. B. „Ausgerechnet jetzt muß Staub gewischt werden!" Hinter jedem Ärger steckt die Angst, selbst benachteiligt zu werden oder mißachtet zu sein. Verallgemeinerungen kommen dazu oder alte Rechnungen werden beglichen. Ein Wort gibt das andere. Manche steigern sich in ihren Zorn hinein. Die Gefühlswelt reißt neue Wunden auf.

Nicht von ungefähr zerbrechen jährlich viele Ehen. Kinder leiden am meisten, wenn ihre Eltern nicht bereit sind, gemeinsam eine „Schlichtungs-Stelle" aufzusuchen. Gesprächs-Hemmung ist eingetreten, und es ist schwieriger, einen Neu-Anfang zu setzen und dabei auch an die eigene Brust zu schlagen. Jeder macht mal was falsch oder sagt mal ein unglückliches Wort. Die Sehnsucht nach Frieden und Versöhnung aber existiert in jedem: Doch Seelenkraft und Demut sind oder scheinen zu schwach, Probleme freizuschaufeln.

Einen Konflikt beilegen

Streit muß versachlicht werden. Gefühls-Urteile sind zurückzustellen. Leicht gesagt, aber schwergetan. Freunde greifen oft nicht ein, um sich „in innere Angelegenheiten nicht einzumischen". Oder aus Vorsicht, um sich Ärger zu ersparen. Denn Streithähne suchen Bundesgenossen und Zeugen.

Christen denken in solchen Situationen daran, daß „GOTT in CHRISTUS die Welt mit Sich versöhnt hat" (2 Kor 5,19). Doch was hat GOTT mit dem Konflikt zu tun? ER weiß, daß wir schwache, öfters friedens-unfähige Geschöpfe sind. Von Kindesbeinen an haben wir Streit und Krieg bei Erwachsenen erlebt und waren auch selbst zu Trotz-Haltungen fähig. Wir sind seelisch schwach und manchmal nicht ausgeglichen und brauchen Hilfe. Christen nennen das: Zurückgebliebene Folgen der Erbschuld, des Versagens schon der ersten Menschen. In dieser Situation hilft uns GOTT, wenn wir uns IHM zuwenden und seelische Begrenztheit zugeben. Doch wir müssen uns dem Nächsten und GOTT, dem Allernächsten, öffnen und den Mut haben, niederzuknien.

Der Versöhnungs-Tag

Schon das alte Israel kannte einen Versöhnungs-Tag, einen allgemeinen Bußtag. Manche Rabbiner nennen ihn sogar „den großen Tag" (3 Mos 25,9). Das Volk hielt Sabbat-Ruhe ein und fastete von einem Abend zum anderen. Nur der Hohepriester durfte Dienst im Tempel tun und – einmal im Jahr! – das Allerheiligste betreten, wo Jahwe-GOTT unsichtbar gegenwärtig war. Danach schlachtete der Hohepriester zwei Sündenböcke, einen für die eigene Schuld, die er bekannte, und einen für das Volk. Mit dem Blut des Opfers besprengte er die Bundeslade und den Opfer-Altar, Riten, um GOTT zu versöhnen, dessen heilige Ordnung durch die Sünde – das unsachgemäße Vorgehen – gestört wird.

Wir sind unserem Versagen nicht wehrlos ausgeliefert. „Fürchte dich nicht, denn es gibt eine Versöhnung" (Sir 22,22). Paulus schreibt, in dem Bewußtsein, daß

GOTT uns den Dienst der Versöhnung verliehen hat (2 Kor 5,18), der im Sakrament der Buße gipfelt (Joh 20,23). Wie GOTT ständig auf unsere Versöhnung wartet, zeigt das Gleichnis vom Verlorenen Sohn: „Der Vater sah ihn schon von weitem kommen, und ER hatte Mitleid mit ihm" (Lk 15,20). Seinen eigenen Sohn bringt GOTT als Versöhnungsopfer dar, was ER 1.800 Jahre zuvor dem Abraham erspart hat. Der Verlorene Sohn wird, weil er heimgekehrt ist, in seine ursprüngliche Würde als Sohn wieder eingesetzt.

Bereit zur Versöhnung

Feindesliebe übersteigt menschliche Kräfte. Der Feind soll unser „Nächster" sein? So hält es GOTT mit uns, denn als Sünder sind wir Seine „Feinde". ER will, daß auch wir dem Gegner die andere Wange hinhalten (Lk 6,27). „Betet für die, welche euch verfolgen" (Mt 5,44). „Tut Gutes denen, die euch hassen" (Mt 5,44). „Besiege das Böse durch das Gute!" (Röm 12,20).

Alles Gute beim Feind sollten wir gern anerkennen, ihn auch weiter grüßen. Wer schwer gekränkt ist, braucht Zeit, um über eine Verletzung hinwegzukommen. Wer verbittert ist, sollte wenigstens versuchen, für den Urheber zu beten. Jeder hat aber dann einen entschlossenen Schritt zur Verzeihungs-Bereitschaft zu vollziehen. Die Entschuldigung der Kinder: „Der andere hat angefangen!", gilt nicht. Werden wir verleumdet oder empfinden das so, sollten wir, unbekümmert um menschliches Urteil, unsere Ehre nur im äußersten Notfall gerichtlich schützen. Zugleich im Wissen: Alle echte Ehre kommt immer von GOTT. „Kommt einander in Ehrerbietung zuvor!" (Röm 12,10)

74

Das geheimnisvolle Wort „Versöhnung" enthält das Wort „Sohn". GOTT versöhnt uns durch Seinen Sohn, verzeiht uns unsere Schuld – wenn wir heimkehren zu IHM wie der Verlorene Sohn und unseren Heimweg nicht aufschieben, bis er vielleicht nicht mehr möglich ist. Nur Versöhnte werden ins Himmelreich eingehen.

Zwei, die mir gut bekannt waren, waren leider aus formalen Gründen in einen endlosen Streit geraten. Der Paragrafen-Reiter war schuldiger und machte viele Schwierigkeiten. Bei einer Marktplatz-Kundgebung geschah es, daß beide „zufällig" nebeneinanderstanden. Plötzlich streckte der „Paragrafen-Reiter" seinem Gegner die Hand entgegen und sagte: „Einmal muß es ja doch sein, bevor es zu spät ist. Lassen Sie uns Frieden schließen." Für diesen Friedensschluß allein hatte sich die ganze Kundgebung gelohnt.

SR.A.

Ordnung – Kern der Schöpfung

„Wer Ordnung hält, ist nur zu faul zu suchen", sagen boshafte Zungen und bemänteln so ihre eigene Unordnung. Längst hat die Technik den Menschen bei materiellen Konstruktionen zu peinlicher Ordnung gezwungen – oder ein Satellit stürzt ab schon beim Start ins All.

Umso größer ist die Unordnung in geistigen Antworten und im Leben der Völker. Hier meinen viele, sich willkürlich und sprachlich austoben zu können, worunter dann viele zu leiden haben. Jeder meint, seine Ordnungs-Vorstellungen anderen aufzwingen zu müssen. Doch die eigentliche Ordnung existiert bereits seit Ur-Ewigkeiten: Im Wesen GOTTES, der alles planvoll überschaut und durchdringt und Seine Ordnung Seiner Schöpfung verliehen hat – sonst wären Natur-Gesetze undenkbar.

Das beste Gesetzeswerk

GOTT enthüllt uns etwas von Seiner Ordnung in den Zehn Geboten, dem besten Gesetzeswerk der Welt. „Als ewige Ordnung sollt ihr den Sabbat feiern" (2 Mos 12,14), rammt GOTT einen wichtigen Pflock in die Menschheits-Geschichte. Um einen Tag weitergerückt wird der Sabbat erst, als der Auferstehungs-Tag CHRISTI anbricht und ebenso Pfingsten, das Fest des HEILIGEN GEISTES. Doch alle Ordnungen GOTTES bleiben als sachgerecht bestehen: Etwa die Redlichkeit der Sprache, welche das Vertrauen unter den Menschen bewahren hilft und aller Lüge und Täuschung widerspricht. So fordert es auch das 8. Gebot.

Bis in die Gedanken hinein schaffen die Zehn Gebote Ordnung: „Du sollst nicht begehren deines Nächsten Weib, auch nicht sein Hab und Gut!" Denn die Ordnung der irdischen Welt beginnt im Herzen. Sie ist keine nur äußerliche, bürokratische Ordnung, sondern zutiefst von innen her ausstrahlende Lebensgestaltung.

Wer hält die Gesetze?

Überfüllte Gefängnisse zeigen nur einen Bruchteil der Gesetzesbrecher. Die Ordnung, soweit sie überhaupt gesetzlich erfaßbar ist, wird umgangen, wo es möglich scheint. Gefängnis-Buße führt nur zu einem Bruchteil von Besserungen. Für viele der GOTTES-Gesetze besteht kein Verständnis mehr, angefangen von der GOTTES-Lästerung. Dennoch bleiben alle Zehn Gebote ineinander verzahnt und stützen und bedingen einander. Wer aus dieser Ordnung ein Zahnrad herausbricht, braucht sich nicht zu wundern, wenn das ganze Räderwerk – wie bei einer Turm-Uhr – durcheinanderkommt. Keiner, der ein Gebot einhält, darf sich deshalb auf diesen Lorbeeren ausruhen. Der böse Widersacher sucht immer neu eine andere Einbruchsstelle. Was durch Korruption egoistisch verrammelt wird, ist unvorstellbar. Und bis 70 Millionen kleinste Menschenkinder werden weltweit jährlich körperlich „weggemacht". Auch deshalb ist es für die Christenheit erstaunlich, daß der Jüngste Tag noch nicht angebrochen ist.

Die Barmherzigkeit

GOTT weiß, wie schwach jeder Mensch ist. Um die göttliche Ordnung wiederherzustellen, hat ER JESUS entsandt und entsendet immer neu Seine Heiligen in der Kirche, um das Gleichgewicht der Welt zu retten. ER ist so barmherzig, daß sogar die Bibel sagt: „Unsere Sünden halten Sein Kommen auf" (Röm 3,23). ER läßt Sich Zeit, Seine volle Barmherzigkeit auszugießen. Doch nicht einmal alle Männer und Frauen der Kirche leben: „Ohne MICH könnt ihr nichts tun" (Joh 15,5). Wer aufhört zu rudern, den treibt der Strom des Bösen zurück. Gegen alle irdischen Versuchungen müssen wir die Hand GOTTES im Gebet suchen und festhalten, regelmäßig, täglich, stündlich. Dann erleben wir staunend, wie GOTTES Ordnung sich in uns aufrichtet und mächtig wird. Sogar Hilfe für andere, die um Ordnung ringen. Die stärkste Ordnungsmacht ist die Liebe, wie sie im heiligen Meßopfer vermittelt wird. Das wildeste Kind, der wildeste Ehepartner, das wildeste Herz wird gezähmt durch die Liebe.

Ordnung, Himmelstochter

Warum ist die Ordnung weiblich? Wohl kann der Mann die großen Zeiten bauen, doch steht und fällt ein Volk mit seinen Frauen. Sie brauchen nicht erst zu emanzipieren. Sie sind, auch wenn sie zugleich kindlicher sind als der Mann, die stärkste Ordnungsmacht. Ordnung leben sie notgedrungen. Aus der fraulichen Natur heraus wird ständig alles geordnet, umsorgt, heil gemacht. Wenn eine Frau selbst in Unordnung gerät, in Sünde, leidet sie – in der stärkeren Ganzheit der Person – mehr daran als der Mann. Da werden die Kinder in Ordnung gebracht, vom Näschen bis zur Kleidung und bis zur Anleitung, endlich die Spielsachen aufzuräumen. Da wird notfalls der Mann auf Vordermann gebracht. Frauen sind auch der Ordnung GOTTES näher, auch wenn der Islam behauptet, die Mehrheit der Höllen-Bewohner seien Frauen.

Die Frau ist stärker dem Geheimnis verbunden, auch dem Geheimnis GOTTES. Leider bleibt diese Verbindung oft an der Oberfläche. Doch es existieren mehr Mystikerinnen als Mystiker. Frauen werden auch vom Satan häufiger angegriffen, nicht nur weil sie schneller in Panik geraten. Letztlich geht es, da alles auf CHRISTUS hin erschaffen ist (Kol 1,16), um Satans Kampf gegen Maria, die den einst schönsten Luzifer entthront hat: „Feindschaft setze ich zwischen dich und die Frau, zwischen deinem Nachwuchs und ihrem Nachwuchs. Er trifft dich am Kopf, und du triffst ihn an der Ferse" (1 Mos 3,15). Durch Maria wird uns JESUS geschenkt, der alle anti-göttliche Unordnung überwindet.

Ordnung bei Mann und Frau

Ein Mann ist klug beraten, der dem unermüdlichen Ordnungssinn seiner Frau entgegenkommt. Eine Frau ist gut beraten, nicht nur ihrem spontanen „Bauch-Gefühl" zu vertrauen, sondern auch die denkerische Ordnung ihres Mannes wahrzunehmen. Wir alle sind richtig beraten, wenn wir uns der heiligen Ordnung GOTTES unterwerfen. Wir sind von ihr geprägt – bis in unser innerstes Sein. Ob wir wollen oder nicht: Nur auf diesem Weg können wir selig werden. Und wenn wir diese Ordnung gestört haben, bringen wir sie wieder in Ordnung, je nach gröberem oder feinerem Gewissen. 1954, auf dem Kirchentag in Frankfurt, forderten Protestanten die Beichte zurück. GOTT nimmt andere Menschen als Werkzeuge für Seine Ordnung und läßt Ihnen, wie unser Segenspriester-Büchlein darlegt, schon im AT die Hände dafür auflegen. Gesegnete und Geweihte befähigt ER, trotz eigener Schwächen in anderen Seine Ordnung, die Befreiung von der Sünde, wieder aufzurichten. Selig, wer sich in die Ordnung GOTTES einfügt! *PWP*

Wahre CHRISTUS-Nachfolge

Oft schwanken wir bei Entscheidungen. Woher wissen wir, daß eine Handlung im Geiste JESU geschieht und gut ist? Und nicht getrieben vom Egoismus? Johannes B. Scaramelli nennt uns 10 Merkmale zur Unterscheidung der Geister.

Wenn der Geist JESU, der HEILIGE GEIST, am Werk ist, dann befindet sich der Mensch im Frieden, ist demütig. Er ist aufrichtig und ungekünstelt selbstlos. Er vertraut auf GOTT und fürchtet sich vor sich selbst und seiner sündhaften Schwäche im Guten. Wer vom HEILIGEN GEIST geleitet ist, der zeigt einen biegsamen Willen: Er läßt sich etwas sagen, ist anpassungsfähig, denn er weiß, GOTT sitzt am längeren Hebel.

Gelassenheit, Abtötung, Liebe

Alle Unruhe, Ungeduld, jedes Herrschenwollen und Unnachgiebigsein stammt vom Bösen. Fünftes Merkmal eines von GOTT geleiteten Menschen: Sein ständiges Gebet: „Alles meinem GOTT zu Ehren!" Das sechste Merkmal: Geduld. Jede Hast ist vom Teufel. Wir kennen den Ausspruch aus der profanen Welt: „In der Ruhe liegt die Kraft."

Das siebte Merkmal eines gottesfürchtigen Menschen: Die freiwillige Abtötung. JESUS lehrt sie: „Wer mir nachfolgen will, verleugne sich selbst" (Mt 16,24). Und: „Wenn das Weizenkorn nicht in die Erde fällt und stirbt, so bleibt es allein; wenn es aber stirbt, so bringt es viele Frucht." Denn: „Wer sein Leben liebt, verliert es; wer aber sein Leben auf dieser Welt hintansetzt, bewahrt es zum ewigen Leben" (Jo 12,24f). Nur wer seine Leidenschaften und Eitelkeiten bekämpft, schafft Raum für das Wirken des HEILIGEN GEISTES.

Aufrichtigkeit, Glaube, Hoffnung

Das achte Merkmal des wahren CHRISTUS-Nachfolgers sind Aufrichtigkeit, Wahrhaftigkeit und Einfalt. Sie gestatten es dem HEILIGEN GEIST, Wohnung in uns zu nehmen und zum guten Handeln anzutreiben. Deshalb preist JESUS die Einfältigen selig: „Ich preise dich VATER, HERR des Himmels und der Erde, weil DU dieses den

Weisen und Klugen verborgen, den Kleinen aber geoffenbart hast" (Mt 11,25).

Das neunte Merkmal ist die Freiheit des Geistes. Paulus stellt fest: „Wo aber der Geist des HERRN ist, dort ist Freiheit" (2 Kor 3,17). Gemeint ist nicht willkürliches Handeln, sondern die Freiheit über die eigenen Schwächen und Anhänglichkeiten an Menschen, schlechte Gewohnheit und Laster.

Opferliebe und Heiligkeit

Das zehnte Merkmal ist das Verlangen nach der Nachfolge CHRISTI: Der Wunsch zu leiden und durch seine Leiden zu sühnen für die eigenen Sünden und die Sünden anderer, so daß alle Zugang zum VATER und zum ewigen Leben bekommen. Dieses Sühneleiden ist die Lebensmelodie JESU. Paulus bestärkt dies im Römerbrief: „Die aber vom Geiste GOTTES getrieben werden, sind Kinder GOTTES" (Röm 8,14). Zur Nachahmung der Tugenden Christi also und zum Gehorsam gegenüber SEINER Lehre kann uns nichts anderes bewegen als der HEILIGE GEIST. *SR.A.*

Freunde gehen durch dick und dünn

Freundschaft will gepflegt sein. Sie existiert, weil es viele Gemeinsamkeiten gibt. Diese müssen immer neu bestärkt und vertieft werden. Freundschaft erfordert Zeit, Mühe, Liebe.

Eine besondere Art dieser Gemeinsamkeit ist jedem Menschen angeboten: Die Freundschaft mit Gott. Wer sich ihm anvertraut, erfährt überraschend Geborgenheit. Mancher hat Angst, diesen Schritt zu vollziehen. Doch in jeder Freundschaft riskiert man, sich auf den anderen einzulassen und öffnet sich selbst. Echte Freundschaft braucht nicht besonders beschworen zu werden. Sie benötigt jedoch immer wieder ein kleines Zeichen des Zusammenhaltens. Wir Menschen sind nun einmal auch auf äußere Signale angewiesen. Denn „Freunde in der Not gehen tausend auf ein Lot".

Grenzenlose Freundschaft mit allen Menschen kann es nicht geben, wohl Zeichen des Respekts, der Anerkennung und der Güte. (Um das abgegriffene Wort Liebe, das zwar entscheidend bleibt, hier nicht zu gebrauchen.) Wahre Freundschaft kann sich nur auf wenige Mitmenschen erstrecken, auch wenn von früheren Freunden, z. B. von Schulfreunden, immer wie von Freunden gesprochen wird. Freunde verbindet jedoch nicht nur Zuneigung, sondern auch Ehrfurcht. Nicht alle Gemeinsamkeiten müssen blind übereinstimmen. Denn auch Freunde bleiben selbständig, eigenständig. Sonst wäre ja eine echte Freundschaft, die auch Spannungen durchhalten muß, gar nicht möglich. Die Formulierung: Jemandem freundschaftlich entgegenkommen, bedeutet nur: Ihn mit allen äußeren Zeichen der Freundschaft zu empfangen.

Sie ist letztlich ein Geheimnis, auch wenn Brot und Zeit mitwirken bei diesem Gleichklang der Seelen. Jeder weiß, daß Gemeinschaft notwendig ist, und so wird manchmal, z. B. am Arbeitsplatz, die Gelegenheit beim Schopf gefaßt, gemeinsam etwas zu unternehmen oder auch eine größere Strecke des Lebens gemeinsam zurückzulegen.

Ehe ist mehr als Freundschaft, jedenfalls eine gute Ehe. Sie ist absolute Treue, auch wenn später Schwächen des Partners – statt der eigenen – entdeckt werden. Ein hundert-prozentiger Mensch, der Mensch als Ideal schlechthin, existiert nicht, auch wenn bei der Eheschließung oder beim Freundschaftsbund Gefühle verallgemeinernd das erfüllende Ideal vorgaukeln. „Die Frau ist das Versprechen, das nicht erfüllt wird", sagt der Dichter-Philosoph Paul Claudel. Dasselbe muß man vom Mann sagen. Allerdings baut die Liebe in der Ehe zahlreiche Brücken und über-quert die Schwächen des anderen. Dazu gehört vor allem das Schweigen als Kunst der Demut.

Die allergrößte Freundschaft bleibt aber dennoch möglich und notwendig: Die mit Gott, die wegen ihres größeren „Partners" jede Ehe überbietet. Schon im AT (2 Mos 33,11) heißt es: Der HERR redete, wie jemand mit seinem Freund redet. Der Prophet Jeremia spricht Gott direkt an: „Mein Vater. Der Freund meiner Jugend bist du!" (3,4). Das Buch Sirach rühmt den treuen Freund als Lebensbalsam. Jesus erzählt das Gleichnis vom bittenden Freund, der um Mit-ternacht kommt, um 3 Brotfladen für einen Freund zu erbitten, der auf Reisen zu ihm gekommen ist. Erst wehrt sich der Angesprochene, denn er will seine Kinder nicht wecken, indem er die verschlossene Tür öffnet. Doch der Bittsteller pocht weiter. Schließlich erhält er seine 3 Brot-fladen nicht der Freundschaft wegen, sondern wegen seiner Zudringlichkeit (Lk 11,5-8). Jesus macht allen Mut, aus-dauernd bei Gott anzuklopfen, selbst wenn wir sein Ange-bot der Freundschaft manchmal zurückgewiesen haben.

Jesus will auch, daß Freunde sich mitfreuen, wenn das ver-lorene Schaf wiedergefunden ist (Lk 15,6). Oder wenn eine Frau die verlorene Drachmen-Münze, Teil eines Kopf-schmucks, wiedergefunden hat. Jesus denkt aber auch ganz praktisch: „Macht euch Freunde mit dem ungerechten Mammon!" (Joh 15,13). Jesus selbst ist das Freund-schafts-Angebot Gottes an uns. Er nennt aber auch seine Bedingung: „Ihr seid meine Freunde, wenn ihr das tut, was ich euch sage" (Joh 15,14). Und: „Der Knecht weiß nicht, was sein Herr tut. Euch aber habe ich Freunde genannt" (Joh 15,15). *PWP*

In jedem ist mehr Güte, als er meint

Wir alle verhalten uns schwach, manchmal jämmerlich. Schwieriges könnten wir schneller schlucken und schneller verzeihungsbereit sein. Wir leiden an den Folgen der Erb-schuld. Doch durch die Taufe ist dieses Erbe von Grund auf besiegt, und wir sollten uns daranmachen, das Gute in uns – die Gegenwart Gottes – stärker zu entdecken und einzusetzen.

Jede Seele will aufleben schon durch den Ton der Stimme des anderen und den mitfühlenden Blick. Wer niederge-schlagen ist oder verängstigt wie viele Menschen unserer Zeit, der braucht erst recht Güte, Herzlichkeit, Ermuti-gung, Erinnerung an die ewige Freude, für die wir bestimmt sind. Stellen wir uns dafür zur Verfügung durch einen Aufschwung des Herzens mit Gott.

Lassen wir uns nicht anstecken von Hiobsbotschaften, die allzu schnell von innerlich mit Traurigkeit Behangenen aus aller Welt zusammengekarrt wurden – manchmal nur des-halb, weil jede Nachricht einen Geldwert hat. Christen-See-len sind zwar der materiellen Welt entrissen, wofür sie aller-dings täglich zuzustimmen haben durch ihr ganzes Leben. Lassen wir unsere Gott-Verbundenheit auf andere überströ-men. Da die Schöpfung der göttlichen Güte entspringt, sind wir eingeladen, die Früchte dieser Güte großherzig zu teilen.

Manchmal leiden Menschen unter unserer Härte, ohne daß wir es bemerken. Der Hintergrund dafür sind unsere Fehl-Urteile oder unsere zu schnelle Reaktion. Güte dagegen schenkt Trost, ist Begnadigung des anderen im Urteil, bedeutet, seine seelischen Schmerzen zu lindern. Güte macht das Leben erträglicher. Sie nimmt die Trauer weg über eigenes und fremdes Versagen, indem sie still mitteilt: Du bist nicht abgeschrieben. Jederzeit darfst du völlig neu in Gott beginnen. Du bist kostbar. Doch wer ständig Mißerfolge hat?

Erinnern wir uns unseres göttlichen Ursprungs. Nie kann er völlig verlorengehen. Wenden wir uns diesem Ur-Sprung zu, dann beginnt unsere Bekehrung. Lassen wir uns nicht erschrecken von unseren Schwächen. Staunen wir vielmehr über die Güte der Einladung Gottes, heimzukehren. Bewahren wir als Spiegelbilder Gottes unsere Selbst-Achtung. Seien wir sicher: Gott belagert uns ständig liebevoll. Er zerstört alle Entmutigung, überwindet selbst Mauern der Gleichgültigkeit und rührt gütig unser Herz an, uns ihm endlich ganz anzuvertrauen.

Eine Hürde für Güte ist die Lob-Hungrigkeit. Sie kann Gift für eine Seele sein, weil diese nie genug bekommt. Güte – immer in Verbindung mit Gebet – kann helfen, von solch überzogener Selbst-Liebe freizukommen. Auch die Freude nach einer guten Tat kann Befreiungsschlag sein. Wer gütig ist, trägt keine Bitterkeit und keine Anklagen mit sich herum.

Gott ist nur Güte. Alles, was er tut, geschieht nur aus Güte. Auch wenn er straft. Alles Negative ist nur ein Mangel. Je ähnlicher wir Gott werden, umso mehr tun wir alles aus Güte, auch der Sünde und Trennung von Gott entgegenzuwirken. Eines der letzten Worte Jesu zeigt noch seine vollendete Güte: „Vater, verzeih ihnen. Denn sie wissen nicht, was sie tun!" Worte noch vom Kreuz herab. Güte respektiert auch die Eigenarten des anderen, mögen sie noch so merkwürdig sein. Ein Prüfstein der Demut. Ein vorweggenommenes Stück Himmel. Dabei ist traurig, daß wir so viel empfangene Güte schnell vergessen. Eine Ewigkeit lang werden wir für Gottes Güte danken.   *PWP*

Wie werde ich beliebt?

Tugend ist kein Auslauf-Modell. Der Begriff kommt von „taugen": „tüchtig sein" im Guten. Wer taugt, ist beliebt. Er besitzt Strahlkraft – ist populär. Die Kirche kennt die drei göttlichen Tugenden: Glaube – Liebe – Hoffnung, sie festigen die Seele und lassen sie gelassen und freudig ruhen in GOTT. Daneben gibt es die vier Kardinal-Tugenden, die uns das Leben mit den Mitmenschen erleichtern: Klugheit – Gerechtigkeit – Tapferkeit – Mäßigkeit.

Das Rittertum des Mittelalters schrieb sich die Praktizierung dieser Tugenden offiziell auf seinen Standes-Kodex. Zu Pferd mit dem Schwert in der Hand verteidigten die Ritter den christlichen Glauben gegenüber den Sarazenen im Heiligen Land und schützten den Papst in Rom gegenüber den Machtkämpfen des römischen Adels und gegen außenpolitische Angreifer. Im Alltag galt es, Witwen und Waisen zu schützen.

Heute sind die Kardinal-Tugenden mehr gefragt denn je, denn der Zeitgeist hofiert dem Egoismus und Nützlichkeitsdenken. GOTT und die eigene Seele sind Fremdworte geworden. So ist es an uns Christen, GOTT und dem HEILIGEN GEIST wieder Ehre zu verschaffen. Der Trost und die übernatürliche Freude, die GOTT uns dafür schenkt, strahlen dann wiederum aus auf unsere Umgebung. Nur die Liebe rettet. Liebe im Opfer. Liebe im Leid. Immer alles für GOTT tun, dann gibt ER uns Kraft und vollendet SEINEN göttlichen Plan an uns: „HERR, DEIN Wille geschehe!"

Das war schon in der Ur-Kirche so. Das Besondere der ersten Christen in Jerusalem war ihr „Anders-Sein". Sie faszinierten ihre Umwelt nicht nur durch den Glauben an ein Weiterleben nach dem Tod und erfahrene Wunder, sondern durch vier Charakter-Eigenschaften: Klugheit, Gerechtigkeit, Mäßigkeit und Tapferkeit. Das Mittelalter schrieb diese Tugenden insbesondere dem Ritter zu, der Witwen und Waisen verteidigen sollte. Die Kirche spricht heute von den vier Kardinal-Tugenden.

Ehrfurchtsvoll urteilten Heiden zur Zeit des Paulus: „Seht, wie sie einander lieben!" (Apg 4,32). Konkret hieß dies für die ersten Christen: z. B. ein klares „Nein" zur Kindes-Aussetzung, die gängige Praxis im alten Rom war. Zweitens: sonntägliche Gottesdienste auch unter Lebensgefahr – während 300 Jahre langer Verfolgung. Und: geteiltes Eigentum zwischen Reichen und Armen. Aber: Mäßigkeit im Zorn gegen Heiden. Sie beteten für das Seelenheil des Kaisers, der zur Christenverfolgung aufgerufen hatte. Klug waren die Ur-Christen, indem sie sich wie jeder römische Bürger in die Berufswelt des Alltags einordneten: „Gebt dem Kaiser, was des Kaisers ist, und GOTT, was GOTTES ist." (Mk 12, 13-17).

Übernatürlich wird die Tugend, wenn das Gute nicht nur zum Wohl des Nachbarn getan wird oder aus Freude am Helfen, sondern auf GOTT hin orientiert ist: „Wer GOTT liebt, dem gereicht alles zum Guten!", bekennt Paulus (Röm 8, 28). Ist die gute Tat ein Geschenk für den guten GOTT, dann stört der Undank eines Mitmenschen nicht. Selbst Todesdrohungen werden bedeutungslos. Im Gegenteil, der Liebesdienst gewinnt an Strahlkraft durch sein Dennoch! – Alles für den Herrgott! Dieser wiederum belohnt den Liebesakt durch seine Gnade: Ein tiefer innerer Friede besiegelt das Geheimnis zwischen GOTT und Mensch. *SR.A.*

Was uns glücklich macht

„Sind Sie verwirrt?" fragt mich mein Gesprächspartner, als ich erkläre: „Kranke sind die kostbarsten Menschen." – „Alle Welt will zuerst gesund sein. S i e sind nicht krank. Darum können Sie auch, was Kranke angeht, gar nicht mitreden. Und ausgerechnet Sie behaupten, Kranke seien am kostbarsten. Wie meinen Sie das?"

„Zunächst meine ich zufriedene Kranke. Die sagen ein tapferes Ja zu den Schwierigkeiten, die ihnen auferlegt sind: Schmerzen, Schlaflosigkeit, Behinderungen, Altersbeschwerden, ständig um Hilfe bitten und viel Geduld aufbringen zu müssen." – „Wer kann dazu schon gern ein Ja sagen? Möchte nicht jedermann gesund sein?" „Eines Tages stoßen wir alle an unsere Grenzen", antworte ich. „Dann zählt vor allem die innere Zufriedenheit." – „Gibt's die denn?" fragt mein Gesprächspartner. „Sie meinen wohl Essen und Trinken, gute Fernseh-Programme, einige Reisen, behaglich wohnen…". – „Nein, ich meine das Herz. Die innere Zufriedenheit trotz allem." – „Und die sollen ausgerechnet Kranke haben?"

„Lassen Sie mich zurückgehen bis ins 12. Jahrhundert", schlage ich vor. „Damals wirken die ‚Hospitaliter vom heiligen Johannes'. Nach ihrer Ordensregel wollen sie Diener der Ärmsten der Armen sein. Man wird ja nicht glücklich, wenn man das eigene Glück sucht, sondern wenn man sich darum bemüht, daß ein anderer glücklich wird. Diese Hospitaliter bringen z. B. zuerst den Armen zu essen, bevor sie selber speisen. Abends fordern die Johanniter im Krankensaal auf: „Meine Herren Kranken, beten Sie für den Frieden, daß Gott ihn vom Himmel zur Erde sende. Auch für alle, die uns Almosen senden.' In jedem Kranken sehen die Hospitaliter den für uns leidenden Jesus. Sie sind überzeugt, daß Gott zuerst auf seinen Sohn blickt und auf diejenigen, die ihm ähnlich sind. Doch leiden die körperlich Kranken am meisten?"

Seelische Krankheiten, auch Schuldgefühle oder Enttäuschungen, können manchmal noch schmerzlicher sein als körperliche Beschwerden. Nur durch tiefes Vertrauen zum gerechten, liebenden Gott sind solche Schmerzen zu heilen. Was die wahre innere Seligkeit ausmacht, zeigt Jesus am stärksten in seiner berühmten Bergpredigt. Immer geht es darum, daß Gott allein die letzte und tiefste Ergänzung des Menschen schenken kann: Unsere Armut ausfüllen, damit wir uns selbst als Armselige erkennen. Unseren Hunger nach Gerechtigkeit stillen, letztlich nach Gott, eine Sehnsucht, die hinter wohl allen Süchten steckt. Trauer und Reue über unser Versagen schenken, also trösten. Das Herz rein öffnen, hin zur Anschauung Gottes. Das Maß der Barmherzigkeit weit fassen. Sogar Verfolgung innerlich annehmen, um auch den Angreifer zu retten. Denn diese Art des Leidens mit Jesus macht selig, auch wenn wir das alle nur schwer begreifen können.

Zur Zeit seines Erdenlebens wird Jesus verfolgt und bedrängt. Manchmal kann er eine Zeitlang bestimmte Gebiete Israels nicht mehr betreten. Schon aus seinem Geburtsort Bethlehem muß er vor Herodes Schergen in Sicherheit gebracht werden. In seiner Heimatstadt Nazareth wollen sie ihn steinigen, weil er unbequeme Wahrheiten auftischt. Immer ist ein Verräter unter seinen Aposteln, den Jesus, der Gott-Mensch, durchschaut. Sogar seine eigene Verwandtschaft bedrängt den Wanderprediger inmitten der Strapazen seiner unermüdlichen Bußrufe: „Kehrt um! Und glaubt an das Evangelium!" (Mk 1,15). Dann der Andrang des Volkes, all derer, die Heilung suchen.

Kranke Menschen begreifen das eher. Sie spüren unsere menschliche Begrenztheit am eigenen Leib. Auch wer schuldig geworden ist, vielleicht aus Leichtsinn, wird, wenn er das zugibt und bereut, besser den Sinn des Leidens erkennen: Gott will uns reifen lassen bis auf den Kern unserer Seele, zu ihm hin. Selbst-Hingabe ist schon im Wesen des dreieinigen Gottes erkennbar. So muß Selbstlosigkeit auch im Wesen der Geschöpfe liegen: Einer lebt vom anderen. Wer im Leid keinen Sinn sieht oder wenigstens sucht, verschließt sich, verbittert, weil alles für ihn sinnlos wird. Doch von manchen Krankenbetten geht mehr Trost aus als von manchen gesunden, fast nur selbstbezogenen Menschen. Deshalb zählt, einen Kranken zu besuchen, zu den Seligpreisungen Jesu. Im Kranken erblicken wir zugleich unsere eigene Zukunft, stellen uns ihr und nehmen sie an.   *SR.A.*

Der Glaube an den Zufall

Viele Menschen meinen, sie seien vom blinden Schicksal gesteuert, hätten eben Pech oder Glück. Zwar glauben mehr Menschen an Engel als an GOTT. („Da hast du aber einen guten Engel gehabt!") Doch dabei vergessen sie: Schon der Schutzengel ist als direkt zugewandte Vorsehung geschenkt. Denn keiner ist von GOTT preisgegeben oder dem Zufall überlassen.

Es ist nicht unter der Würde GOTTES, sich um unsere kleinsten Nöte zu kümmern. Im Gegenteil! ER kann gar nicht anders, weil wir aus IHM leben.

Gemessen, gewogen, erwählt

Wer meint, wir wären GOTT gleichgültig, der schätzt IHN zu gering ein, hat Seine allumfassende Liebe zu wenig verstanden oder zu wenig in seinem Leben beachtet. ER wiegt uns ständig, mißt uns, um nicht zu überfordern, wählt aus, begnadet – wenn wir uns IHM nicht in den Weg stellen. Wir müssen aber bereit sein, uns ganz unserem Schöpfer zu verdanken. Wie der ägyptische Joseph, den seine Brüder als Sklaven nach Ägypten verkauften, der dort Stellvertreter des Pharao wurde, in der Hungersnot seinen Brüdern half und verzeihend sagte: „GOTT hat mich vor euch hergeschickt" (1 Mos 45,5).

Aus Bösem Gutes machen

Der Künstler GOTT kennt alle Seine Kunstwerke durch und durch – trotz unseres Spielraums der Freiheit. Für IHN ist alles Gegenwart. ER bedient sich zumeist irdischer Ursachen. Doch Sein Vorauswissen legt uns nicht fest. Wenn ER Böses zuläßt, auch Schmerzen und Versagen, dann aus Liebe, uns zur Reife zu helfen. ER kann selbst aus Bösem Gutes machen. Sogar die Kreuzigung Seines Sohnes läßt ER aus Liebe zu unserem Heil zu. ER läßt auch den Tod zu – als Weg zu IHM. ER läßt Tyrannen zu und geht mit deren Opfern in den Kerker, um mit ihnen zu weinen und so sogar deren Feinde zu segnen.

Seit je liegt in GOTTES überfließender Liebe Sein Plan, Geschöpfe zu erschaffen und selbst den Leib und die Seele des Menschen zusätzlich anzunehmen, ja sogar die Brotsgestalt, und uns auch durch das Wasser der Taufe mit Seinen Worten zufließend. Wir sind ein göttlicher Entwurf. ER stellt Seine Liebe unter Beweis. Sie drängt IHN, allen Menschen die Heiligkeit des Leibes zu zeigen, indem ER sich selbst durch Maria verleiblicht, um uns noch stärker hinzulenken, dem obersten Ziel zu, hin zu GOTT.

Die kostbare Armseligkeit

GOTT macht uns unsere Kostbarkeit bewußt, unsere Würde trotz aller Armseligkeit. Seine demütige Menschwerdung macht uns das Elend jeder Sünde deutlich, aus der JESUS uns reißt. ER macht unser Heil durch die Sakramente erfahrbar, wenn wir sie oft genug empfangen. Seine Menschwerdung bietet IHM auch Gelegenheit, uns den barmherzigen GOTT erkennen zu lassen. Und nicht zuletzt: Maria als Mutter zu bekommen (Joh 19,27). Erst im Himmel erkennen wir die „Unterseite des Lebens-Teppichs", der unendlich sinnvoll geknüpft ist.

Alles in unserem Leben ist Vorsehung, von GOTT liebend vorhergesorgt, wenn wir Seinem GEIST Raum geben. ER beschenkt gemeinsam Eheleute, Kinder, Freunde, Völker, kann aber auch eine Zulassung auferlegen. Schon der Prophet Sacharja verkündet: „In jenen Tagen werden 10 Männer (also die notwendige Zahl für eine Gemeinde-Bildung) aus Völkern aller Sprachen einen Mann aus Juda an seinem Gewand fassen, ihn festhalten und sagen: ‚Wir wollen mit euch gehen, denn wir haben gehört, GOTT ist mit euch'." (Sach 8,23). Wer sich geführt weiß, kann alle Angst fallenlassen. Selbst der Philosoph Emanuel Kant (†1804) gibt einmal zu: „Nichts hat mich so getroffen, wie der Psalm ‚Der HERR ist mein Hirt'." (Psalm 23).   *PWP*

Wir alle sind auf der Suche

Wer behauptet, er sei nicht auf der Suche, täuscht sich. Wer Hunger hat, sucht zu essen. Wer sich einsam fühlt, sucht einen Menschen. Wer keinen Besitz hat, sucht etwas zu erwerben. Wer Besitz hat, sucht ihn zu sichern. Jeder ist auf der Suche, auch wer sein Zuhause schon gefunden hat. Jeder sucht anders. Oft wird dabei vieles nur oberflächlich zugedeckt. Manche denken, sie seien endgültig angekommen. Wahre Suche aber reicht tiefer.

Hinter allem Suchen steckt die Sinn-Suche. Denn keiner kann leben ohne Sinn. Deshalb sind auch manche unglücklich, statt sich auf die Sinn-Suche zu begeben. Dabei entdeckt der Suchende eines Tages – oft erst nach langen Such-Aktionen: Einer ist auf der Suche nach uns. GOTT will uns finden, und ER bietet alle möglichen Listen auf: Hunger und Durst, Liebe, Heimweh und Schmerz, Schlaflosigkeit und Humor, Stille und Nachdenklichkeit. Manchmal auch Krankheiten. Wir müssen uns allerdings, wenn wir geheilt werden wollen, auch finden lassen. Sonst verstoßen wir gegen die göttlichen Spielregeln: Er nimmt die von ihm geschenkte Freiheit sehr ernst. Er fordert auf: „Suchet, und ihr werdet finden!

Klopfet an, und es wird euch aufgetan!" macht JESUS in der Bergpredigt Mut (Mt 7,7). Und: „Wer sucht, der findet!" (Mt 7,8).

Auch JESUS läßt sich suchen. „Dein Vater und ich haben dich voller Angst gesucht!" sagt Maria zu dem Zwölfjährigen (Lk 2,48). Er antwortet: „Warum habt ihr mich gesucht? Wußtet ihr nicht, daß ICH in dem sein muß, was m e i n e s Vaters ist?" Und weist damit auf seinen himmlischen Vater hin, verdeutlicht, daß Josef nur sein Pflegevater ist. Maria erzählt Lukas diese Begebenheit. Andere hätten davon nichts gewußt. „Seine Mutter bewahrte alles, was geschehen war, in ihrem Herzen" Lk 2,51), schreibt der Evangelist ausdrücklich.

Ein besonders starker Hinweis für Suchende auf JESUS hin: „Alles Volk suchte, ihn anzurühren" (Lk 6,19). „Denn es ging eine Kraft von Ihm aus, die alle heilte." Ähnlich ist das Zeugnis von Christen aller Jahrhunderte, die JESUS beim Wort nahmen: „Wenn euer Glaube auch nur so groß ist wie ein Senfkorn, dann werdet ihr zu diesem Berge sagen: Rück von hier nach dort! Und er wird wegrücken. Nichts wird euch unmöglich sein" (Mt 17,26).

Die Tiefe des Glaubens muß allerdings mit der Tiefe des Lebens zusammengehen. So innig, daß sich auch ein anderes Wort JESU erfüllt: „Wer sein Leben zu erhalten sucht, wird es verlieren" (Lk 17,33). Viele Tausende in aller Welt gehen deshalb auf im selbstlosen Dienst an Armen, Kranken und Bedrückten! Als eine Film-Diva Mutter Teresa traf, die gerade Wäsche von Lepra-Kranken wusch, sagte die Besucherin: „Das würde ich nicht für eine Million Dollar tun." Mutter Teresa gab zurück: „Ich auch nicht." Daß sie, die ehemalige Schuldirektorin, ihre Kraft aus dem Gebet bezog, aus ihrer ständigen Ausrichtung hin auf Gott, ist kaum bekannt. *PWP*

Freiheit ist ein Geheimnis

Jeder Redliche gibt zu: Tief in jedem von uns Menschen liegt die Möglichkeit, Ja oder Nein zu sagen. Wir haben einen Spielraum der Freiheit. Wir sind offen angelegt hin auf das Ewige, auf den Ewigen, wenn wir uns nicht verschließen. Wenn schon wir Geschöpfe ein Ich-Bewußtsein haben, dann muß erst recht der, aus dem wir hervorgegangen sind, unendlich mehr ein Ich sein. Aber Freiheit – was ist das?

Alle versprechen Freiheit. Sie ist ein Geschenk. Die Möglichkeit, sich für oder gegen GOTT zu entscheiden. Für das Gute oder das Böse.

Manche sehen das anders. Sie nutzen eine falsch verstandene Freiheit, der Verantwortung auszuweichen und eine selbstherrliche Antwort zu geben. Oder die Verantwortung an andere oder den Staat abzuschieben. Echte Freiheit hält sich an die innerste Ordnung der Person. Etwa zu je einem Drittel hängt unsere Freiheit von unserem freien Willen ab, von unserer Erziehung und von unseren Genen und Veranlagungen. Von jedem ist verlangt, entsprechend seinen Talenten, weitere zu gewinnen. Der Freiheitshungrige braucht einen kühlen Kopf, um sich nicht am Gefühl der Freiheit zu berauschen. Weder von einer äußeren Mehrheit darf er sich beeindrucken lassen, noch von politischen oder ideologischen Gruppen manipulieren.

Heute fürchten viele Menschen Unfreiheit durch einen Krieg. Sie sind noch nicht auf die Loslösung von diesem

Schrecken aufmerksam gemacht worden: Wahre innere Freiheit braucht ein Ziel. Zügellosigkeit kann nie ein Ziel sein. Der Weg der Freiheit ist das Dienen, GOTT und den Menschen. Als Geschöpfe wissen wir, daß wir begrenzt sind. Im Dienen erkennen wir diese Begrenztheit an. Der Schöpfer selbst hält sich immer an die ihm eigene sinnvolle Ordnung, die zu seinem Wesen gehört. Er kann nicht sündigen. Er atmet seine Wahrheit. Er hat sie in seine Geschöpfe mit dem Leben hineingehaucht. Er rettet und heilt sogar die Geschöpfe, die sich in falsche Freiheiten hinein verirrt haben. Es ist eine Gnade, in GOTT freizusein. Es ist eine Selbst-Täuschung, wenn einer meint, eine eigene Art Freiheit erfinden zu können. Er landet im Elend wie der Verlorene Sohn.

Jeder muß sich entscheiden: Gott oder sein und unser Gegner. Innerer Friede oder Chaos. Wo die Freiheit in einen Glaubensakt mündet, dort wird helfende Gnade erbeten: Sich von GOTT geliebt wissen. Das kann sogar zur inneren Größe führen, freiwillig für Leid bereit zu sein und es anzunehmen. Dabei hat GOTT die Freiheit, jeden so stark zu lieben, wie er will. Paulus ist das Beispiel dafür. Von ihm wurde dann auch mehr verlangt.   *SR.A.*

Fürchte dich nicht

Angst-Mache ist weit verbreitet in der Medien-Landschaft. Panik-Mache ist manchen zum Geschäfts-Modell geworden. Furcht dagegen, z. B. gesunde Furcht vor dem „bissigen Hund", ist etwas ganz anderes – auch wenn beide Begriffe oft vermischt werden.

Wer die Größe GOTTES anerkennt und sie lebt, lebt in der Furcht des HERRN. „Fürchtet euch nicht!" singen die

Engel, die um ihren eigenen Abglanz von GOTT wissen. Seine Heiligkeit sollen wir vor Augen haben. Deshalb sagt Psalm 111,10: „Die Furcht des HERRN ist der Anfang der Weisheit." Heilsame Furcht ist also notwendig, etwa die Furcht des Kindes vor der heißen Kochplatte.

Was der Angst fehlt

Angst vor GOTT, heute weniger verbreitet, ist etwas anderes als Furcht vor GOTT. Der Angst fehlt das Vertrauen auf die Barmherzigkeit GOTTES, keine Vermessenheit, aber Vertrauen. Die drei göttlichen „Personen" sind einander in heiliger Ehrfurcht untertan und sind so der eine GOTT. Deshalb stellt Samuel (23,3) fest: „Wer herrscht in der Furcht GOTTES, strahlt wie das Licht." Auch uns ist gesagt: „Seid einander untertan in der Furcht CHRIST!" (Eph 5,21). Und Petrus (1,17): „Wandelt in Furcht während der Zeit unserer Pilgerschaft!" Wegen unserer erbsündlichen Schwäche brauchen wir Erziehung zur Furcht GOTTES. Der Prophet Jesaja (11,3) preist den selig, der GOTT fürchtet: „Auf ihm wird ruhen der Geist der Furcht des HERRN."

Die Hölle als Warnung

Das heilige Meßopfer kennt in seiner Mitte – unmittelbar vor den Wandlungsworten im apostolisch-alten römischen Kanon – die Bitte, vor der Hölle bewahrt zu bleiben. Eine Bitte der Ehrfurcht, nicht der Angst, Jeder braucht es, von GOTT erzogen zu werden. Denn wir sind alle wie schwache Kinder. Wir suchen immer Neues, während wir im Gleichbleibenden Vertiefung suchen sollten. Deshalb ist das heilige Meßopfer für den Ehrfurchtsvollen nie langweilig, wie das Kinder unserer abwechslungsreichen

Zeit manchmal meinen. Sie sind gewöhnt, immer neu „Ablenkungen" zu suchen und sich von vielen Nebensächlichkeiten anlocken zu lassen. GOTTES-Furcht schreckt auch vor Menschen nicht zurück, nicht einmal vor der eigenen Verwandtschaft („Was sollen die Leute nur denken!"). Zuerst die Gesundheit der Seele, dann die des Leibes, zuletzt materielle Güter und Prestige-Denken.

GOTTES-Furcht einüben

Wer seiner Bibel einen ehrfurchtsvollen Platz in der Wohnung gibt, fängt an, GOTTES-Furcht einzuüben. Wer seine „kleinen Sünden" für bedeutsam genug hält, um sich in der Beichte zu demütigen, wird gottesfürchtig. Ebenso wer mit einem Kind in dessen Vertrauens-Seligkeit betet. Oder geduldig die oft wiederholten Geschichten Älterer anhört. Denn sie brauchen Zuhörer, um ihr Leben „bewältigen" zu können, und einen, der die „Lebens-Bewältigung" durch GOTT hineinbringt, und sei es durch kleine Anmerkungen.

GOTTES-Furcht übt ein, wer sich immer neu um den nur äußerlich gleichbleibenden Rosenkranz bemüht. Aber auch die Kniebeuge – bei Älteren eine tiefe Verneigung – vor dem Allerheiligsten ist der Weg, Ehrfurcht zu gewinnen. Auch die demütige Mundkommunion – ohne Angst, daß andere dann warten müssen oder uns als Wichtigtuer abtun. GOTTES-Furcht drängt zur Knechts-Haltung – als Liebes-Antwort.

Etwa 220mal wird die „Furcht vor GOTT" im AT genannt, dabei auch die Furcht vor Seinem geheimnisvollen Namen oder Nicht-Namen. Im NT ist diese heilige Furcht nur sechsmal erwähnt – durch die Nähe JESU, der

uns „Freund" nennt. Die in der Apostelgeschichte genann-
ten „GOTTES-Fürchtigen" sind Heiden, die dennoch treu
das Sabbat-Gebot halten. Auch heute beginnt die tiefe
Ehrfurcht vor GOTT mit der beständigen Heiligung des
Sonntags, vor allem durch das heilige Meßopfer. Denn
GOTT liebend zu fürchten, ist ein Geschenk der Gnade,
die uns CHRISTUS auf Golgatha, zugleich im Meßopfer,
erworben hat.   *PWP*

III. Sternstunden deutscher Geschichte

Ursprünge des Kaisertums – Karl der Große

Einen Kaiser hat Deutschland und Europa seit 1918 nicht mehr – aber christliche Wurzeln. Am 25. Dezember 800 krönt Papst Leo III. den Frankenkönig Karl in Rom zum Kaiser. Karl der Große ist der erste christliche Kaiser des Abendlandes. Ihm ist die Christianisierung Frankreichs und Deutschlands zu verdanken. Dabei kann er an die Missionsarbeit von Bonifatius, dem Apostel der Deutschen (†754), und die der Wandermönche aus England und Irland anknüpfen. Durch die Salbung und Krönung in Rom wird Karl zum mächtigsten Herrscher Europas.

In enger Zusammenarbeit mit dem Papst werden neue Bistümer und Klöster in dem Gebiet errichtet, das heute ganz Deutschland und Frankreich umfaßt. Immer wieder kommt der christliche Kaiser Papst Leo III. mit seinem Heer zu Hilfe – im Kampf gegen Aufstände der Römer oder die Langobarden. Sein Selbstverständnis als Kaiser: „Unsere Aufgabe ist es, die heilige Kirche CHRISTI gegen Angriffe der Heiden mit den Waffen nach außen zu verteidigen und nach innen durch die Erkenntnis des katholischen Glaubens zu stärken. […] Euch aber, Heiligster Vater, kommt es zu – wie einst Mose – mit zu Gott erhobenen Händen unser Heer zu unterstützen." (KG *Algermissen*). Nach dreimaliger Akklamation durch das römische Volk am Weihnachtstag 800 huldigt der Papst kniend dem Kaiser. Die Kaiserkrone verleiht Karl Vorrang vor allen Fürsten des Abendlandes.

Augustinus´ (†430) Idee vom irdischen Gottesstaat wird nun Wirklichkeit: Die Kirche sorgt für religiöse und sittliche Werte, der Staat hat politische und soziale Aufgaben. Das Mittelalter ist durchaus nicht finster, sondern voll von hoffnungsvoller Dynamik.

Die vom Herrscher neu errichtete Verwaltungsstruktur mit Königsboten und Grafen soll dem Reisekönig ohne feste Hauptstadt helfen, seine Politik im ganzen Reich durchzusetzen. In seinem Hofstaat befinden sich Gelehrte aus ganz Europa, wie Alkuin (†804) und Einhard (†840). Sie bilden zusammen mit dem Klerus die intellektuelle Elite des neuen christlichen Reiches. Eine Schrift entsteht, die Karolingische Minuskel, Bibliotheken werden errichtet, Chroniken jedes Jahr geschrieben, Schulen gegründet. Karolingische Renaissance nennen die Historiker diese Epoche nach den Wirren der Völkerwanderung und dem Zerfall des Römischen Weltreiches.

Karl wird der Große auch deshalb genannt, da er sein Reich in mehreren Kriegen ausgedehnt hat: Bayern, Sachsen und Langobarden werden seinem Reich angegliedert und christianisiert. Eine Schattenseite dieser anfänglichen Harmonie zwischen Papst und Kaiser existiert jedoch wie bei allen geschichtlichen Ereignissen: Kritiker betonen die Zwangsbekehrung der Sachsen durch Krieg und die spätere Auseinandersetzung zwischen Papst und Kaiser im 11. Jahrhundert über die Frage, wer Bischöfe einsetzen dürfe (Investiturstreit). Erst das Wormser Konkordat von 1122 findet einen Kompromiß für den Rest des Mittelalters.

Ein Vorbild für heute? Welche Bedeutung hat nun die Epoche Karls des Großen für Deutschland? Durch seine Kooperation mit dem Papst und seine Religiosität gelang es ihm, Deutschland – das nach seinem Tod aus dem Riesenreich hervorgeht – ein festes Selbstverständnis zu geben, tief im Christentum verwurzelt. So kann es den Anstürmen ausländischer Mächte und des Islam über Jahrhunderte standhalten. Erst 1918 dankt der letzte deutsche Kaiser aus der Dynastie der Habsburger ab. Damit ist der Titel „der Große" auch über das Frühmittelalter hinaus bis in unsere Zeit gerechtfertigt. Die Kaiserkrönung zu Weihnachten im Jahr 800 war für das Reich GOTTES segensreich. *SR.A.*

Der Sieg über die Ungarn unter Kaiser Otto I.

Mit der Regierung Heinrichs I. (919-936) beginnt eine eigenständige deutsche Geschichte. Der früheste Beleg für ein „Deutsches Reich" liegt in Bayern. 918, während die Franken und Sachsen den sächsischen Herzog Heinrich zum König wählen, rufen die Bayern ihren Herzog Arnulf zum König „in regno Teutonicorum", im Reich der Teutonen. Doch durch einen Kriegszug wird Arnulf Vasall Heinrichs, der sich zuvor die Anerkennung der Schwaben sichert.

Heinrich und seine Nachfolger sehen das ostfränkische Reich als unteilbar. Nicht eine Familie herrscht, sondern ein König. Er sichert die Einheit des Reiches auch gegen die eigene Verwandtschaft. Deshalb lassen fast alle Ottonen (Otto I. †973, Otto II. †983, Otto III. 1002) bereits zu ihren Lebzeiten ihre Söhne zum König wählen. Ein „Nationalbewußtsein" ist jedoch noch nicht gewachsen.

Heinrich läßt seinen ältesten Sohn Otto als einzigen Nach-folger während eines Hoftags wählen. Dessen Thron-Erhebung in Aachen wird Vorbild für das ganze Mittelalter. Zwei Familien-Aufstände ringt Otto nieder. Die zweite Einigung wird vom Einfall der Ungarn erzwungen. Bei notwendigen Unterschriften vollzieht Otto wie später auch alle frühmittelalterlichen Herrscher seine Zustimmung in einem künstlich aufgebauten Unterschriftenfeld durch einen Strich.

Otto hat die Hilfe seines Bruders, des Erzbischofs Bruno von Köln, der ihn unterstützt und dafür zum weltlichen Herzog von Lothringen ernannt wird. Die geistlichen Lehnsherren stellen zwei Drittel des Reichsheeres. Stärker als der Adel ist die Kirche an einer starken Zentralgewalt interessiert.

955 werden die Ungarn auf dem Lechfeld bei Augsburg endgültig besiegt. Nun beginnt die endgültige Einschmelzung des asiatischen Volkes in den europäischen Kulturbereich. Bei der Siegesfeier wird Otto erstmals als „pater patriae et imperator", als „Vater des Vaterlandes und Herrscher" geehrt. In dieser Situation bietet ihm der bedrängte Papst die Kaiserkrone an. 963 wird Otto I. gekrönt.

Dem Papst sichert er den Besitz des Kirchenstaates zu, wobei die Römer zuvor dem Kaiser den Treueid ablegen. Damals wird im Wahlrecht festgelegt: Kein Papst darf ohne vorherige Zustimmung des Kaisers gewählt werden. Otto I. erneuert so das Kaisertum Karls des Großen. Auf die deutsche Geschichte hat dieser Vorgang Jahrhunderte hindurch Einfluß. Jeder gewählte Papst hat vor seiner Weihe dem Kaiser einen Treueid zu leisten. Doch wer ist die höhere Instanz?

Alkuin, ein Gelehrter an der Seite Karls des Großen, sieht den Kaiser als Beschützer des Papstes diesem überlegen. Beide seien jedoch von GOTT in ihre Ämter eingesetzt. Kirchliche Kreise dagegen sind überzeugt, daß der Papst das weltliche wie das geistliche Schwert von GOTT erhalten habe. Bei der Krönung würde der Papst das weltliche Schwert an den Kaiser weiterreichen.

Otto II. (973-983) führt die Siegel-Unterschrift „Kaiser der Römer". Für Otto III. (983-1002) ist das deutsche Königtum nur eine Vorstufe für das Kaisertum. Deshalb residiert Otto III. oft in Rom, um das Reich zu regieren. Seine Stellung sucht er zu stärken, indem er – wie in der Antike – den Fußfall vor dem Herrscher wieder einführt. Als nächsten Papst läßt er einen Vetter von sich wählen.
Die Ottonen suchen den Osten Europas zu missionieren, und zwar von Magdeburg, Regensburg und Mainz aus. Für Polen und Ungarn wird durch die Gründung von Bistümern bzw. Erzbistümern vorbereitet, daß sich selbständige Nationen bilden können.   *PWP*

Wie wurden die
deutschen Könige gekrönt?

Es ist im Jahr 927 oder Jahre später in der großen Benediktiner-Abtei Corvey an der Weser, im heutigen Gebiet von Höxter/NRW und jetzt Weltkultur-Erbe. Der Mönch Widukind schreibt nieder, wie er die Krönung Otto I., der Große genannt, erlebt.

Da Widukind wahrscheinlich mit der sächsischen Herrscherfamilie verwandt ist, beginnt er damit, daß der „Vater des Vaterlandes" und „der größte und beste König Heinrich

I." (919-936) verstorben ist. Bereits er bestimmt seinen Sohn zum König, und das in der Aachener Pfalz versammelte Volk der Franken und Sachsen stimmt zu. Widukinds Anmerkung, Aachen liege in der Nähe von Jülich, das Julius Caesar gegründet habe, stimmt allerdings nicht trotz der Ähnlichkeit der Namen. Doch weiter zur Krönungsfeier.

Im Säulenhof, nahe der Basilika Karls des Großen, versammeln sich große und kleine Grafen, Hofbeamte und Herzöge und tragen Otto I. auf einen dort aufgestellten Thron. Inzwischen wartet der Erzbischof mit seinen Priestern und dem Volk in der Basilika darauf, daß der neue König kommt. Der Erzbischof, in der Rechten den Krummstab, berührt mit seiner Linken die rechte Hand des Königs. In der Mitte des Heiligtums bleibt der Erzbischof stehen und wendet sich dem Volk zu: „Ich bringe euch den von GOTT erwählten und einst von König Heinrich bestimmten und jetzt von allen Fürsten gewählten Otto. Gefällt euch diese Wahl, so hebt die rechte Hand zum Himmel empor." Alle Anwesenden tun das und rufen laut „Viel Glück!"

Nun führt der Erzbischof den König hinter den Altar. Auf ihm liegen: Das Schwert mit dem Wehrgehänge, der Mantel mit den Spangen, der Stab mit dem Zepter und das Diadem, die Krone. Während der Erzbischof das Schwert ergreift, erklärt er Otto: „Nimm dieses Schwert, auf daß du alle Feinde CHRISTI verjagst, die Heiden und schlechten Christen, da durch GOTTES Willen dir alle Macht im Frankenreich übertragen ist zum unerschütterlichen Frieden für alle Christen." – Während der Bischof dem König den Mantel umlegt, ermahnt er ihn: „Durch die bis auf den Boden herabreichenden Zipfel deines Gewandes seist du daran erinnert, mit welchem Eifer du im Glauben entbrennen und bis zum Tod für die Sicherung des Friedens eintreten sollst."

Dann nimmt er Zepter und Stab und sagt: „Durch diese Abzeichen bist du aufgefordert, mit väterlicher Zucht deine Untertanen zu leiten und in erster Linie den Dienern GOTTES, den Witwen und Waisen die Hand des Erbarmens zu reichen; und niemals möge dein Haupt ohne das Öl der Barmherzigkeit sein, auf daß du jetzt und in Zukunft mit ewigem Lohn gekrönt werdest." In diesem Augenblick wird er mit geweihtem Öl gesalbt und mit dem goldenen Diadem gekrönt. Nachdem so die rechtmäßige Weihe vollzogen ist, wird der König von den Bischöfen zum Thron geführt, zu einer Wendeltreppe, über die er zum Thron aufsteigt. Von ihm aus kann Otto – zwischen zwei Marmorsäulen – von allen gesehen werden.

Jetzt wird das Lob GOTTES angestimmt und ein festliches Hochamt gefeiert. Dann kommt der König herunter zur Pfalz, wo eine Marmor-Tafel festlich geschmückt ist. Bischöfe und Adel nehmen Platz, die Herzöge bedienen als Zeichen ihrer Unterordnung. Herzog Giselbert von Lothringen hat die Gesamt-Organisation. Herzog Eberhard besorgt den Tisch. Herzog Hermann von Franken kommandiert die Mundschenken und die Wahl und das Aufrichten der Lager. Jeden dieser Fürsten ehrt der König freigebig mit einem passenden Geschenk, bevor er alle freudig verabschiedet.

Durch das ganze Mittelalter hindurch ist der deutsche König nach seiner Krönung auch Anwärter auf die Kaiserkrone und wird vom Papst in Rom zum Kaiser gekrönt. Diese ist gebunden an einen Italienzug, währenddessen der Papst in Rom in Anlehnung an die Krönung Karls des Großen die Krönung zum Kaiser vollzieht.   *PWP*

Friedrich Barbarossa in Roncaglia

Es ist das Jahr 1158. Kaiser Friedrich I., genannt Barbarossa wegen seines roten Bartes, befindet sich in Nord-Italien auf einem seiner vielen Hoftage, wo er mit den bedeutendsten Fürsten und Machthabern zusammentrifft, um die Politik des Hl. Römischen Reiches Deutscher Nationen auszuloten. Dabei hat der Hoftag von Roncaglia weitreichende Bedeutung: Der Kaiser fixiert die macht-politischen Verhältnisse in Reichs-Italien für die Zukunft neu und untermauert sie für die Folge-Jahrzehnte juristisch durch ein groß angelegtes Gesetzeswerk.

Endlich hat das Heer des Kaisers Mailand und die aufständischen Städte in Nord-Italien unterworfen. Jetzt geht Barbarossa daran, die kaiserliche Macht in Italien wieder aufzubauen, aber nicht nur die faktische Befehlsgewalt, sondern auch das „honor imperii", das Ansehen und die Ehrerbietung der städtischen Untertanen dem Kaiser gegenüber. Damit ist seine Italienpolitik ein Wendepunkt der letzten 150 Jahre. Ab 1158 erstrahlt das Kaisertum auch wieder als gleichberechtigte Macht gegenüber dem Papsttum, welches sich zeitweise – auch mittels diverser Gegenpäpste – mit den nach Unabhängigkeit strebenden nord-italienischen Stadtstaaten gegen das Kaisertum solidarisiert hat. Jetzt aber ist der Weg wieder frei für die Errichtung eines institutionalisierten Flächenstaates unter der Hoheit Kaiser Friedrichs I.

Das neue Gesetzeswerk von Roncaglia schreibt fest: Frieden und Rechtssicherheit anhand der nun wieder geltenden Reichsgesetze. Dabei werden die Rechte des Kaisers genau definiert und eine effektive Verwaltungsstruktur geschaffen. Hierzu dient das Landfriedens- und Lehensgesetz. Alle Bewohner Italiens werden mittels eines Eides auf die Wahrung des Friedens eingeschworen (§1). Um kaiserfeindliche Machtblöcke zu verhindern, verbietet der Kaiser Vereinigungen und Schwurgemeinschaften (§6). Um auch im Privatbereich Rechtssicherheit zu schaffen, gebieten §2-5 des Roncaglischen Gesetzeswerkes die staatliche Ahndung von Verbrechen und die Haftpflicht der Richter. Damit gehört das Lehensgesetz Barbarossas von 1158 zu den vier bekannten Lehensgesetzen des Hochmittelalters.

Einen Schlußstrich setzt der Kaiser auch unter die im Zuge der aufkommenden Geldwirtschaft eigenständige Veräußerung von Lehen an städtische Händler durch After-Vasallen des Kaisers. Daher macht Barbarossa nun auch die After-Vasallen für seine „renovatio imperii" dienstbar, indem er 1158 den Verkauf, die Verpfändung und die Schein-Investitur durch Vasallen ohne Erlaubnis des Lehensherrn verbietet. Der Kaiser ist ja letztendlich selbst der oberste Lehensherr, der Landgut oder Ämter an Grafen und Herzöge als Lehen ausgibt, das nach deren Tod wieder an den Kaiser zurückfällt. Um den italienischen Städten entgegenzukommen und nicht in einen instabilen Diktat-Frieden zu gelangen, gesteht der Kaiser den nichts-ahnenden Käufern solcher Lehen das Recht zu, ihr Geld von den Verkäufern zurückzufordern.

Auch dürfen sich fortan die Vasallen bei ihrer Heerfahrts-Pflicht vertreten lassen oder eine Ablösesumme zahlen. Um jedoch die Lehens-Treue zu sichern, werden der Vater für den Sohn und der Vasall für den Aftervasallen haftpflichtig gemacht. Auf Pflichtverletzung und Beleidigung steht Lehens-Verlust. Herzogtümer, Markgrafschaften und Grafschaften bleiben zukünftig unteilbar, damit keine weitere Zersplitterung einsetzt. Insgesamt geht es dem

Kaiser darum, die Reichs-Heerfahrts-Plicht der nord-italienischen Stadt-Staaten zu reaktivieren. Damit trägt der Kaiser dem neu-aufgeblühten Städtewesen in Italien Rechnung und bezieht es in sein Herrschafts-Konzept ein.

Kernpunkt des Roncaglischen Gesetzgebungswerkes ist jedoch die Herausstellung des Kaisers als oberste Rechtsquelle: Alle Herrschaftsgewalt ist nur vom Kaiser abgeleitete, delegierte Gewalt. So heißt es: „omnis iurisdictio et omnis districtus apud principum est." Praktisch heißt das, daß die städtischen Konsuln ihre Gerichtshoheit beim Kaiser einholen müssen und damit den Kaiser als ihnen übergeordnet anerkennen müssen. Daher existiert ab jetzt auch ein Beamten-Eid auf den Kaiser. Und alle Regalien, d. h. alle Kaiser-Rechte, die nicht durch kaiserliches Privileg ausdrücklich an die Städte verliehen worden sind, fallen nun an den Kaiser zurück. Zusammen mit den Regalien, fallen ab jetzt auch die damit verbundenen Einnahmen und Gelder an die Kaiser-Krone: Barbarossa werden ab 1158 die Gelder aus Zöllen, Bußen, Heersteuer und Jahreszins zuteil.

Um dieses großangelegte Gesetzeswerk in die Tat umzusetzen, strebt Kaiser Barbarossa seit 1158 den Aufbau eines Netzes von kaiserlichen Amtssitzen in Nord-Italien an. Hier sollen kaiserliche Verwaltungsträger residieren und die Kommunal-Politik kontrollieren. Dazu gehören auch Rechtsprechung und Steuererhebung, die bislang in der Hand der städtischen Konsuln lagen. Fortan wird der Kaiser auch die Konsuln selbst einsetzen und nicht nur kontrollieren.

Wie reagierten nun die lombardischen Städte auf dieses Gesetzgebungswerk? Es bleibt folgendes festzuhalten: Die Mehrheit der nord-italienischen Städte akzeptierten die kaiserliche Politik der „renovatio imperii" nicht. So verweigert Mailand 1159 die Einsetzung eines Potestaten, und Crema versucht, die kaiserlichen Gesandten zu töten. Schließlich formiert sich 1167/68 der Lombardenbund gegen den Kaiser.

Zweitens: Barbarossa selbst hält nicht konsequent an dem Roncaglischen Programm fest, indem er aus taktischem Kalkül heraus Regalien wieder zu veräußern beginnt.

Drittens: Die Eintreibung des Fodrums auch auf vom Papst beanspruchten Gebieten führt zum Bündnis Alexanders III. mit dem Lombardenbund, denen sich wiederum andere europäische Staaten anschließen, so daß der Kaiser langfristig außenpolitisch isoliert ist.

Viertens: Da in der Lombardei – anders als in Mittelitalien – die Durchsetzung des Roncaglischen Reformprogramms nicht gelingt, muß der Kaiser 1183 im Frieden von Konstanz die Selbstverwaltung der Kommunen, ihre Hoheitsrechte und Bündnisse anerkennen. Dem Kaiser bleibt in der Lombardei nur die Investitur der Konsuln, die Appellation ans Kaisergericht und das Recht auf die Einforderung des Untertanen-Eids. Damit wahrt Barbarossa lediglich die Idee des Herrschafts-Monopols.   *SR.A.*

Die Kaiser-Proklamation Wilhelms I.

Kronprinz Friedrich Wilhelm schildert die Kaiserkrönung im Spiegelsaal von Versailles am 18. Januar 1871 nach dem Sieg über den französischen Gegner: „Nachdem Se. Majestät eine kurze Ansprache an die deutschen Souveräne laut und in der wohlbekannten Weise verlesen hatte, trat Graf Bismarck, der ganz grimmig verstimmt aussah, vor und verlas in tonloser, ja geschäftlicher Art und ohne jegliche Spur von Wärme oder feierlicher Stimmung die Ansprache ´An das deutsche Volk´. Nun trat der Großherzog von Baden mit der ihm so eigenen, natürlichen, ruhigen Würde vor und rief laut mit erhobener Rechten: ´Es lebe Se. Kaiserliche Majestät der Kaiser Wilhelm!´ Ein donnerndes, sich mindestens sechsmal wiederholendes Hurra durchbebte den Raum, während die Fanfaren und Standarten über dem Haupte des neuen Kaisers von Deutschland wehten und ´Heil dir im Siegerkranz´ ertönte."

Was unterscheidet nun den Kaiser des sogenannten Zweiten Deutschen Reiches von dem Kaiser des Mittelalters im Heiligen Römischen Reich Deutscher Nationen, welches im Zuge der Napoleonischen Eroberungskriege 1806 untergegangen war?

Zuerst einmal der Wegfall des Gottesgnadentums, denn Kaiser Wilhelm ist eingefleischter Preuße und Protestant, nicht Katholik wie alle Kaiser vor ihm. Er ist ohne den Glauben an das mittelalterliche Königsheil und ohne dynastisches Erstgeborenen-Recht mit feierlicher Salbung durch katholische Würdenträger der Kirche. 1848 weist Wilhelm IV. von Preußen die ihm angetragene bürgerliche Krone von der Frankfurter Nationalversammlung zwar zurück mit den Worten, die Krone sei aus „Dreck und Lettern gebakken", also vom Volk initiiert und nicht von GOTT, doch auch bei seiner feierlichen Kaiserkrönung 1871 im Spiegelsaal von Versailles fehlt die religiöse Komponente komplett, auch wenn die Proklamation durch den Großherzog von Baden geschieht und nicht von einem Volksvertreter.

Dann weiter: Die Stellung des Kaisers innerhalb der neuen Reichsverfassung ist eine völlig andere als die des mittelalterlichen Herrschers. Wir befinden uns inzwischen im bürgerlichen Zeitalter, dem Zeitalter der Parlamente und dem Kampf der Liberalen um einen säkularen Staat. Deutschland ist nicht länger eine Monarchie, sondern ab 1871 eine konstitutionelle Monarchie, das heißt, die Regierungs-Kompetenzen sind zwischen König bzw. Kaiser und Parlament bzw. Bundesrat und Reichstag aufgeteilt. Dank des preußischen Ministers Otto von Bismarck und jetzigen Reichskanzlers dominierten jedoch das monarchische Gewicht bei der Gesetzgebung und die preußische Komponente.

Der Deutsche Kaiser – zugleich der König von Preußen, also Wilhelm I. – hat laut neuer Reichsverfassung das Recht, den Bundesrat und den Reichstag einzuberufen und zu schließen, den Reichskanzler und die Staatssekretäre zu ernennen und zu entlassen, sowie den Oberbefehl über die Streitkräfte. Doch Gesetze macht der Kaiser nicht mehr, sondern dies ist Aufgabe von Reichstag und Bundesrat, der eine mit allgemeinen, direkten, geheimen Wahlen vom Volk gewählt, der andere mit Abgeordneten, welche von den Länderparlamenten entsandt sind.

Im Interesse Bismarcks und des Kaisers ist es, ihre monarchisch-preußischen Interessen durchzusetzen. Wie kann das geschehen, wenn doch Reichstag und Bundestag die Gesetzgebungskompetenz besitzen? Sonderklauseln regeln dies. So müssen stets 17 preußische Vertreter im Bundesrat sitzen, während die 25 anderen Landesregierungen zusammen nur 58 Vertreter entsenden dürfen. Das heißt, ohne Preußen keine Mehrheit. Auch kann der Bundesrat mit Zustimmung des Kaisers den Reichstag auflösen, wenn dieser sich bei Mehrheitsbeschlüssen querstellt. Entscheidend aber ist, daß sowohl Kaiser als auch Kanzler stets

Preußen sein sollen, also das größte Bundesland vertreten. Nie ist der Kanzler vom Vertrauen des Reichstages abhängig, sondern allein vom Kaiser.

Solange das Verhältnis zwischen Kaiser und Kanzler gut ist wie unter Bismarck und Wilhelm I., ist dies für eine konsequente Reichspolitik fruchtbar. So dirigiert die starke Persönlichkeit des Kanzlers Otto von Bismarck die Leitlinien der Außenpolitik, während Kaiser Wilhelm sich zurückhält. Bismarck gilt nach der Reichs-Einigung von 1871 als der „ehrliche Makler", dessen Reich „saturiert ist", gesättigt. Deutschland erhebt keine weiteren Territorial-Ansprüche auf dem Kontinent. Alle Bündnisse mit den europäischen Großmächten dienen der Friedens-Sicherung. Aus der Kolonial-Politik hält sich Bismarck heraus, auch wenn ironischerweise während seiner Amtszeit bis 1888 von selbständigen Kaufleuten mehr Gebiete in Übersee besetzt und durch Wirtschaftsverträge gesichert werden als unter dem späteren Imperialisten, Kaiser Wilhelm II.

Erst nach dem Tod Kaiser Wilhelms I. und der Machtübernahme durch Wilhelm II. entwickelt sich Deutschland zur kriegerischen Macht, die sich zusammen mit England, Frankreich, Rußland und den USA den afrikanischen Kontinent aufteilen wollen. Das Temperament des neuen Kaisers und dessen aggressiver „Kampf um einen Platz an der Sonne" führen zu Bismarcks Rücktritt. „Der Lotse geht von Bord", so eine zeitgenössische Karikatur. Wilhelm II. verlängert das Bündnis mit Rußland, den Rückversicherungs-Vertrag, nicht mehr, das Dreier-Bündnis mit Frankreich und England zerbricht, so daß Deutschland 1914 nur noch Österreich als Partner hat. Ein waghalsiges Unternehmen, denn der österreichische Thronfolger

Franz-Ferdinand wird 1914 von serbischen Nationalisten ermordet, so daß ganz Europa in den Ersten Weltkrieg hineinschlittert.

Erwartungsgemäß kann Deutschland-Österreich keinen Siegfrieden erringen, auch wenn die deutsche Armee „im Felde unbesiegt ist", wie die OHL zu Protokoll gibt. 1918 muß der Kaiser abdanken, ins Exil nach Holland gehen, die Fürsten fliehen, Deutschland wird im Versailler Vertrag die „Alleinschuld am Ersten Weltkrieg" zugeschrieben – was faktisch gar nicht stimmt – und eine sozialistisch-kommunistische Revolution bricht im November in Deutschland aus. Putschversuche von rechten Militärs und Monarchisten folgen bis 1923, doch ohne Erfolg. Deutschland wird mit der Weimarer Verfassung eine Republik. In der Kirche wird im Hochgebet während des hl. Meßopfers aufgehört, für den Kaiser – bzw. das Staatsoberhaupt – zu beten.

Das 20. Jahrhundert ist ein Ringen um Sinn, denn mit dem Kaisertum und der Abdankung der Fürsten schwinden auch die christlichen Werte immer mehr aus Staat und Volk. Doch GOTT ist stärker als die Politik.   *SR.A.*

IV. Der Engel auf der Synode

Zwischen November 2019 und März 2023 tagte in Frankfurt der „Synodale Weg", in welcher vom Volk gewählte, teils ernannte Laien und die deutschen Bischöfe versuchten, die 2000 Jahre alte katholische Glaubens-Lehre dem Zeitgeist anzupassen. Per Mehrheits-Votum. Ohne kirchenrechtliche Grundlage im Alleingang.

Hier folgt eine humoristische Auseinandersetzung von Pfr. Pietrek und Sr. M. Anja mit diesem wahnwitzigen Versuch deutscher Bürger.

Der Engel als Gewissen GOTTES

Plötzlich steht ein *Engel* mitten in der Versammlung aus Frauen und Männern, Bischöfen und Professoren. „Was wollen Sie denn hier?" fragt der Leiter der Zusammenkunft etwas gereizt. – „Er hat kein Stimmrecht!" ruft ein Delegierter, noch bevor der *Engel* antworten kann. „Laßt ihn reden!", verlangt ein Bischof. Klar und deutlich schallt es durch den Raum: *„Ich komme im Auftrag GOTTES."* Einige fühlen sich an den Verkündigungs-Engel aus der Weihnachts-Geschichte erinnert und spitzen die Ohren.

Andere können nur mit Gewalt ihren Mißmut bekämpfen. *„Ohne eine Stunde täglichen Gebetes könnt Ihr in der heute weithin heidnischen Welt nicht als Christen bestehen!",* ruft der *Engel* aus. – „Eine Stunde lang beten?" platzt eine der anwesenden Frauen heraus. „So viel Zeit haben wir nicht! Ich habe einen Beruf und Kinder!" – „Wir müssen andere Wege suchen!", hilft ihr ein Wirtschafts-Wissenschaftler.

Ein Kaplan tut sein Bestes: „Macht und Sexualität können wir nur in den Griff bekommen, wenn jeder Gläubige zumindest das VATERUNSER beten kann." – Der *Engel* schweigt. Lautlos, wie er gekommen ist, entschwindet er. Der Vorsitzende erklärt: „Die heutige Sitzung ist hiermit beendet. Wir hören noch die Tages-Losung." Eine Delegierte erhebt sich und liest: „Bergpredigt, Matthäus 6,33: Suchet zuerst das Reich GOTTES und Seine Gerechtigkeit, und alles andere wird euch hinzugegeben." Beim Hinausgehen ruft ein Delegierter, einer von den Frommen, die von der Existenz Satans überzeugt sind: „Das Ganze muß eine Täuschung sein!"

Thema des „synodalen Weges" ist am Nachmittag die „materielle Entäußerung von der Macht". Zahlreiche Anregungen werden vorgebracht von den anwesenden Laien, Theologie-Professoren, Bischöfen. „Was ist Macht eigentlich?" Der Diskussions-Gegenstand muß doch erst einmal neu und „zeitgemäß" definiert werden! Oder etwa nicht?! Die Zeit verrinnt, die Gemüter sind erhitzt, der Protokollant ist bemüht, jedes der Argumente zu Papier zu bringen. Alle fühlen sich sicher. Noch sprudelt die Kirchensteuer. Noch gehen Misereor, Adveniat, Renovabis, Caritas, Bonifatius-Werk und Missio in alle Welt. „Vorrang für die Armen!" betont die Debatte. Das ursprüngliche Thema „Macht" wird nach hinten verschoben.

Plötzlich taucht der Synoden-Engel auf und ruft warnend: „Die größte Armut ist die Sünde. Bekennt eure Armut!" Und schon ist der Engel wieder entschwunden. Was war das? Ein Bischof erklärt: „Er meint die Beichte, das verlorene Sakrament." Die anderen schweigen verdutzt. Dann grübelt ein Religions-Lehrer: „Noch lebt die Beichte. Alte Priester bieten sie an." – „Der Priester-Mangel....!" stöhnt

116

ein Dechant. Eine mutige Frau meldet sich zu Wort: „Wo ist denn jetzt das gemeinsame Hirtenwort zur Beichte? Gott hallt wider in den Gewissen. Die aber müssen gebildet werden." – Ein alter Mann: „Sie hat Recht! Wer tief glaubt, will von seinen Sünden befreit werden." – Gegenstimmen: „Aber wir haben doch keine Geistlichen! Familien-Väter müssen Beichte hören dürfen!" Ein kleiner Tumult mit Zwischenrufen entsteht. Angst, die Konservativen könnten hier die Macht ergreifen. Plötzlich taucht der Synoden-Engel ein zweites Mal kurz auf: „Nicht der ist bewährt, der sich selbst empfiehlt, sondern der, den der HERR empfiehlt." (2 Kor 10,18) Eine gewisse Betroffenheit macht sich breit. Haben die Synoden-Teilnehmer die Botschaft des Engels verstanden?

Rückzug eines Bischofs

Kölns Weihbischof Dominik Schwaderlapp zieht sich vom „synodalen Weg" zurück, da dieser die kirchliche Sexualmoral verändern will. Eine Delegierte am Mikrophon fragt: „Wie soll das nun weitergehen?" – Eine andere ruft: „Wir machen das alleine." Eine dritte: „Laisiert den ‚synodalen Weg'!" – „Impossibile est!" erklärt ein Kirchenrechtler auf Latein und erinnert so an die Weltkirche. Über einem Bischof leuchtet der Synoden-Engel auf und ruft: „Wer euch hört, hört Mich!" (Lk 10,16). Und schon ist der Glanz wieder verborgen. Ein alter Priester meldet sich zu Wort: „Der Engel meint, JESUS hat nur die Apostel mit Seelsorge und Leitungs-Aufgaben betraut." Unwilliges Raunen in der Versammlung. Da läutet die Glocke zum Mittagessen.

Am Nachmittag eine weitere Versammlung der Laien, Theologen und Bischöfe. Nicht alle Wortmeldungen kommen zum Zuge. „Ist Macht gut oder böse?" So das Thema heute.

Die Delegierten sind treu gekommen. Wie schon bei der Eröffnung im Frankfurter Dom ziehen sie, bunt gemischt, in den Saal ein. Das aber ist nur ein Trost, denn letztendlich entscheidet der Bischof, was von dem Diskutierten in seiner Diözese umgesetzt wird. Und dann ist da noch der Papst für „Angelegenheiten der Weltkirche" – die es dann freilich noch genau zu definieren und von „norddeutschen Angelegenheiten" abzugrenzen gilt. Ein schwieriger und verworrener „Weg" also.

Während die Delegierten wieder nach Lösungen zum „Sonntags-Schwund" suchen, steht plötzlich der Synoden-Engel im Raum. Einer der Bischöfe schlägt blitzschnell ein Kreuz, um eventuell den Bösen abzuwehren. Der Engel aber kommt allen zuvor und ruft mahnend ein wichtiges Thema in Erinnerung: *„Gemeinsames Hirtenwort aller Bischöfe zur Sonntagsmesse!"* Und schon ist er wieder entschwunden. Ein verdutzter Bischof, gerade am Rednerpult, stellt durchs Mikrophon fest: „Natürlich steht und fällt die Kirche mit dem Besuch der Sonntagsmesse." Dann zögert er und räumt ein: „Doch die Lebens-Situation hat sich verändert…" Da ruft ein Theologie-Professor mit Löwenstimme in den Saal: „In Nazareth ging JESUS, wie gewohnt, am Sabbat in die Synagoge: Lukas 4, 16!" Er will wohl damit sagen, daß auch JESUS jeden Sabbat in der Synagoge betete. Bevor aber das Thema des Sonntags-Gebots vertiefend wieder aufgerollt werden kann, ertönt der Gong zum Ende der Arbeitssitzung. Das Sonntags-Problem bleibt offen. *Schade!*

Ratlosigkeit

Am Redner-Pult steht ein kräftiger Mann mit Drei-Tage-Bart. Sein volles Gesicht bringt die Stoppeln noch mehr zur Geltung. Gerade sagt er: „Wir stehen in einer neuen Zeit. Die Kirche atmet in jedem Land etwas anders." Einer widerspricht: „Die Welt wächst auch kulturell enger zusammen. Wollen wir kirchliche Einheit wahren, müssen wir weiter dasselbe CREDO beten." Der Bärtige kontert: „Das Fundament der Einheit ist der Papst." Der Dialog-Partner: „Entscheidend sind die Päpste aller Jahrhunderte, also die Tradition."

Plötzlich ist der Synoden-Engel da und unterbricht: „Wäre es auch das geringste Gebot, das einer auflöst und die Menschen so lehrt, wird er als der Geringste gelten im Himmelreich" (Mt 5,18). Und schon ist der Engel wieder entschwunden.

Eine gewisse Ratlosigkeit macht sich breit. Mehr oder weniger sagen alle Ähnliches. Doch die Wege, katholisch zu leben, sind unterschiedlich programmiert. Die Sprache hat sich so vielfältig entwickelt, daß Worte und Inhalte doppelt besetzt sind, Menschen aneinander vorbeireden, daß jeder etwas anderes meint, wenn er auch tradierte Begrifflichkeiten verwendet. Kritische Geister denken an das Babylonische Sprachen-Wirrwarr.

Da bemächtigt sich ein junger Delegierter des Mikrophons und versucht, einen Minimal-Konsens herzustellen: „Wenn ihr nicht werdet wie die Kinder …" (Mt 18,2). Doch schon ist das Mikrophon abgeschaltet. Eine Delegierte murmelt, als sie den Saal verläßt: „An ihren Früchten werdet ihr sie erkennen."

Doch die Debatten werden fortgesetzt. Ein Redner fordert, die „Priester vom Podest herunterzuholen": „Sie sind Menschen wie wir, gleichwertig." Ein Zwischenrufer fragt: „Warum hat JESUS dann Apostel eingesetzt? Als Experiment?" Einer der 17 internationalen Beobachter meldet sich. Doch da er keiner der 230 Delegierten ist, erhält er kein Rederecht im „Kirchen-Parlament". Das Thema wechselt, ohne abschließend durchdrungen worden zu sein. Kurz darauf Beifall für eine Rednerin: „Ich beantrage, daß künftig eine Mehrheit der anwesenden Frauen einem Synoden-Beschluß zustimmen muß, damit dieser als angenommen gilt." Die Mehrheit der Delegierten stimmt sofort zu.

145 Journalisten verfolgen gespannt die namentlich, nach Alphabet sortiert sitzenden Teilnehmer der Diskussions-Runde. Plötzlich taucht der Synoden-Engel auf und ruft: „Wer unter euch der Erste sein will, sei der Diener aller!" (Mt 20,26) Und schon ist er wieder entschwunden. Ein älterer Religions-Lehrer ruft: „Stimmt! JESUS sagt immer, ER sei gekommen, um zu dienen. Also Mut zur Demut!"

Sein Neben-Mann runzelt die Stirn: „Demut?! Das verstehen die Menschen doch heute gar nicht mehr." Der alte Herr erklärt: „Maria ist das Beispiel. Sie blickt immer auf ihren Sohn und tut, was ER sagt."

Da schaltet sich eine Anhängerin von „Maria 2.0" ein: „Also Mut, ihr Frauen! Zurück in die Küche!? Das kann es ja wohl nicht sein!" Beifall und wilder Protest wechseln sich ab! „Wir sind doch hier, die Unterordnung der Frau abzuschaffen.'"

Der Sitzungs-Präsident greift ein und glättet die Wogen: „Kirche hat viele Gesichter." Einer der Studierten führt den Gedanken fort: „Um als Kirche zu überleben, müssen wir eine Kultur-Revolution entfachen." Der alte Herr von vorhin zieht seine Brille ab, so daß die Sorgenfalten offen zu Tage treten: „Wir wollen hier eine Kultur-Revolution machen, unsere christliche Kultur verändern oder gar abschaffen!?? Das ist ja wohl absurd. Dafür ist mir meine Zeit zu schade. Ohne mich!" Wortlos verschwindet er in der Sitzungs-Pause und ist nicht mehr zu sehen.

Streit über den Synoden-Engel

„Engel sind ganz auf GOTT ausgerichtet", beginnt ein Delegierter. „Jeder von uns muß sich wie die Engel immer wieder neu auf IHN hin ausrichten." – „Zur Sache!" tönt ein Zwischenrufer. Noch bevor der Redner antworten kann, erscheint der Synoden-Engel, rufend: „Engel schauen immerfort das Angesicht GOTTES" (Mt 18,10). Und sofort ist der GOTTES-Bote wieder unsichtbar.

Bestärkt durch den Synoden-Engel setzt der Delegierte am Mikrophon seine Engel-Predigt fort: „Auch wir haben den 'synodalen Weg' im Angesicht GOTTES zu führen. Jeder von uns 230 hat in diesen 2 Synoden-Jahren mehr als sonst zu beten und auch die Engel anzurufen. Unsere Beratungen nützen nichts ohne den HEILIGEN GEIST." – „Gut!" – „Danke!" – Doch schon der nachfolgende Sprecher schwächt ab: „Wir sind doch hier nicht in Exerzitien. Gnade setzt die Natur voraus. Deswegen beraten wir zuerst miteinander. Wir müssen vom Menschen her denken!" – „Richtig! Karl Rahner verkündete die anthropozentrische Wende." – „Stimmt. Ohne das Zweite Vatikanische Konzil hätten wir sie nicht!"

Eine Frau, Mitte 60, ergreift das Wort: „Es ist wichtig, daß wir fragen, was die Menschen unserer Zeit im Inneren beschäftigt …" Kurz entschlossen unterbricht sie ein Bibel-Wissenschaftler, um zum ursprünglichen Thema zurückzuführen: „Laut Apokalypse (5,8) tragen Engel goldene Schalen voll Weihrauch. Sie sind Symbol der Anbetung. Die Offenbarung erklärt: ʻDas sind die Gebete der Heiligenʼ."

Der Sitzungs-Leiter wirkt etwas hilflos: „Wir sind keine theologische Fachkonferenz über Engel. Natürlich gibtʼs die. Wir aber haben uns handfest irdischen kirchlichen Fragen zu stellen." Einige im Saal applaudieren, der Rest bemüht sich, das Thema „Engel" fortan zu meiden.

Heißes Eisen Zölibat

Ein Delegierter macht aufmerksam: „Johannes Paul II. hat eine starke Stellungnahme für die Endgültigkeit des Zölibats abgegeben." – „Tatsächlich? Was hat er gesagt?" Der nächste Redner: „JESUS war selbst zölibatär und stellt fest: ʻWer es fassen kann, der fasse esʼ (Mt 19,12)". „Das weiß ich auch", unterbricht ein junger Theologie-Student. „Wenn aber Priestermangel da ist, ist es doch sinnvoll, Familien-Väter, die jeden Sonntag in den GOTTES-Dienst kommen, zu Hilfe zu rufen. Sie sind ja schließlich auch katholisch."

Da leuchtet das Licht des Synoden-Engels auf: „Seid alle einmütig im Glauben, damit die Welt erkenne, daß der VATER JESUS gesandt hat." (Joh 17,23). Und der Sendbote entschwindet.

Eine Delegierte: „Darum ringen wir ja! Wie wollen einmütig sein." „Langsam!", beschwichtigt einer der Bischöfe. Er kann seinen Satz nicht beenden, als ihm eine Ordensfrau förmlich die Antwort aus dem Mund nimmt: „JESUS hat nur zu den 12 Aposteln gesagt `Wer euch, die Apostel, hört, hört Mich` (Lk 10,16)", nicht zu allen seinen Jüngern. „Das hieße, wir dürften hier alle gar nicht da sein, weil wir keine Apostel und Bischöfe sind!" Gegenwind: „Die Zeit ist nicht mehr dieselbe wie damals. GOTT braucht heute jeden von uns." – Jetzt eine junge Studentin Anfang 20: „Richtig. Wir sind Kirche!"

Die Ordensfrau meldet sich nun gediegen zu Wort: „Wie kann dann aber die Satzung des ‚synodalen Weges` vorsehen, daß nur zwei Drittel und nicht alle Bischöfe einem Beschluß zustimmen müssen, damit er in Kraft tritt? Entweder die Bischöfe haben die Entscheidungs-Vollmacht völlig wie in der Ur-Kirche, oder wir machen etwas, was JESUS so nicht wollte." Die Redezeit der Ordensfrau ist abgelaufen. Da sie weiterspricht, wird ihr das Mikrophon abgeschaltet. Wieder ein Diskussions-Tag ohne klares Ergebnis.

Besorgnis um die Kirche

„Unser synodaler Weg macht viele Gläubige besorgt um die Kirche", beginnt einer der 230 Delegierten an Mikrophon. „Wir würden zu liberal sein und die Lehre JESU verraten." – „Unsinn!", kontert ein Professor. „Wir suchen Antworten auf die Herausforderungen der Zeit." – „Sehr gut!", ist eine Frauen-Stimme zu vernehmen. „JESUS war immer ein Freund der Frauen!"

„Liebe Geschwister im Glauben", meldet sich nun der Sitzungs-Leiter zu Wort. „Ich freue mich über die rege Diskussion und Ihre hohe Motivation schon zu Beginn unserer heutigen Sitzung, sich für das Reich GOTTES aktiv einzusetzen." Applaus. „Wie aber gehen wir mit denen um, die im Glauben gescheitert sind? 100.000!" Die Stimmung wird ernst.

Ein Bischof ergreift das Wort: „Weit mehr sind gescheitert. Jeder versagt täglich – auch wir – immer wieder, wenn wir sündigen." Blicke treffen den Bischof, doch zwei Drittel der Anwesenden blicken lieber unter sich. Der Bischof fährt fort: „Kirche heißt: Gerettet sein durch JESUS. Wir alle haben Fehler. Wenn wir sie bereuen und beichten, spricht uns der Priester im Namen JESU los. Das ist Kirche. Wir alle müssen wieder den Mut haben, dies zu bekennen."

Ob die Versammlung das Bischofs-Wort verstanden hat, ist unklar. Jedenfalls meldet sich ein Mann, Anfang 30, zu Wort: „Ich weiß nicht, ob die jungen Menschen noch wissen, was die Beichte ist. Ich jedenfalls fühle mich in meiner Umgebung unverstanden, wenn ich mit jemandem über meinen Glauben sprechen möchte." – „Ich auch", bestätigt seine Nachbarin im Sitzungs-Saal und nickt heftig. Dann ganz laut: „Wir sind eine neue Zeit. Alles über den Glauben müssen wir neu aussagen." Da strahlt der Synoden-Engel auf: „JESUS ist nicht gekommen, Gesetz oder Propheten aufzuheben, sondern sie zu erfüllen". Und schon ist der Engel-Glanz nicht mehr zu sehen. „Das klingt ja so, als gäbe es keine Entfaltung des Glaubens", kontert der Ratspräsident. Daß der Synoden-Engel die Bergpredigt (Mt 5,17) zitiert, bemerkt der Moderator nicht.

Die Redezeit ist begrenzt: Eineinhalb Minuten für jeden Delegierten. Naheliegend, daß jeder schnell spricht, bevor ihm abgeschaltet wird. Ein bunter Haufen unterschiedlicher Überzeugungen. Nur Vertreter der katholischen Tradition sind mit der Lupe zu suchen. Die missa tridentina ist ein Tabu.

Für Samstagmorgen steht nur ein Wortgottesdienst auf dem Programm. Der Kölner Kardinal lädt mutig zu einer Meßfeier im novus ordo in eine Innenstadtkirche ein. Von den 230 Delegierten folgen ihm tatsächlich 6, darunter 5 Bischöfe.

Danach im Tagungssaal. Noch vor Beginn erscheint der Synoden-Engel, diesmal mit Tränen in den Augen. Er haucht JESU Abschiedsworte: „Tut dies zu Meinem Gedächtnis!" (Lk 22,19).

Entgeistert schreckt der Redner am Mikrophon hoch: „Was will der denn hier? Ein Wortgottesdienst, wie wir ihn hier gefeiert haben, ist ebenso gut." Rings allgemeines Kopfnicken. Doch der Engel ist mit Geistesschnelligkeit schon kurz zuvor entschwunden. Der Versammlungsleiter läutet die Glocke: „Nun bitte zurück zum Thema ‚Wie retten wir die Kirche?' Ich bitte um konstruktive Vorschläge!"

Stichwort Homosexualität

Mit jugendlicher Unbekümmertheit trägt die jüngste Delegierte (16) ihre Überzeugung vor: „Auch Homosexuelle sollen gesegnet werden, wenn sie sich aufrichtig lieben und treu zueinander stehen." Einige Ältere melden sich zu Wort. Jetzt folgt ein Sammelsurium von Äußerungen.

„Gesegnet werden kann nur, wer in GOTTES Ordnung lebt." – „Wir sind doch alle Sünder und lassen uns trotzdem segnen." – „Segen dient doch auch dazu, sich zu ändern." – „Kein Zwei-Klassen-Recht in der Kirche." – „Mit solchem Segen würde – gegen die Bibel – Sünde gerechtfertigt." – „Freut euch doch, wenn sich überhaupt noch jemand segnen läßt." – „Ich oute mich. Ich bin ein Homo. Wollt ihr mir den Segen verweigern?"

Plötzlich spricht der Synoden-Engel dazwischen: „Im Himmel ist mehr Freude über einen Sünder, der sich bekehrt, als über 99 Gerechte, die meinen, der Buße nicht zu bedürfen" (Lk 15,7). Und weg ist der Mahner. Danach großer Streit in der Versammlung. Die einen legen dieses Wort als Ermutigung aus, jeden zu segnen. Andere: „Er hat doch klar gefordert, umzukehren, wenigstens damit anzufangen. Dann erst kann der Segen Frucht bringen." In sich gespalten, kehren die Abgeordneten in ihre Hotels zurück, wo sie noch lange miteinander raufen.

PS: Im März 2023 enden die Treffen des Synodalen Weges in Frankfurt. Die Abschluß-Papiere werden von Rom kritisiert und verboten. Doch darum kümmern sich die Synodalen wenig: Bischof Bätzing von Limburg und Leiter der deutschen Bischofs-Konferenz beginnt dennoch, die modernistischen Ansätze in seinem Bistum umzusetzen, unterstützt von aktiven Laien und modernistischen Klerikern. Im November 2023 nimmt der „Synodale Rat" seine Arbeit auf, um im deutschen Alleingang eine „neue Kirche" mit Priesterinnen und der Segnung vom Homosexuellen einzuführen, während zeitgleich die 2000 Jahre alten Glaubenswahrheiten der katholischen Kirche teils negiert und die missa tridentina samt den 10 Geboten torpediert wird. Der Synodale Weg ist eine Häresie, eine Irrlehre, die sich des Abfalls von der Lehre der katholischen Kirche schuldig macht und daher sich selbst exkommuniziert.

V. Ausflug ins Alte Testament

Noah – „Geh in die Arche! ICH stürme!"

Zahlreiche Völker überliefern Berichte von einer Sintflut, einer Überschwemmung, soweit die Blicke reichen. Inder und Syrer erzählen das, Latein-Amerikaner und Australier, Slawen und Germanen. Eine der berühmtesten Ur-Erinnerungen ist das Gilgamesch-Epos. 1872 wird es, in assyrischer Sprache niedergeschrieben, auf Keilschrift-Tafeln entdeckt.

Vom alttestamentlichen Noach- oder Noa-Bericht unterscheidet sich das Gilgamesch-Epos vor allem durch seine Gottes-Vorstellung. Wird die ganze Erde oder nur das Land laut AT-Bericht überspült? Beides ist in der Übersetzung aus dem Hebräischen möglich. Bereits das 1. AT-Buch (Mose 6,8) stellt aus Urzeiten fest: Noach allein findet Gnade in den Augen des HERRN. Ist es die Zeit, da noch alle Menschen beisammen wohnen und sich die Erinnerung mit späteren Flut-Erlebnissen mischt?

Noach wird als alter Mann, 600 Jahre alt, geschildert. Eine symbolische Zahl? Damals „reut es", menschlich gesprochen, „den HERRN, den Menschen auf der Erde erschaffen zu haben, und es tat Seinem Herzen weh." Und: „Die Erde war in GOTTES Augen verdorben. Sie war voller Gewalttat. Alle Wesen aus Fleisch lebten verdorben." Noach aber ging seinen Weg mit GOTT. Auch dem merkwürdigen Auftrag, den Noach erhält, gehorcht er: Mitten auf trockenem Land ein großes Hausboot aus Zypressenholz zu bauen (300 x 50 x 30 Ellen), und zwar gleich 3 Stockwerke und alles innen und außen mit Pech abdichten. Die Zeitgenossen dürften Noach verlacht haben, wie das heute manchen Christen geschieht. Zuletzt verkündet GOTT die Sintflut und verheißt dem Gehorsamen: „Mit dir schließe ICH Meinen Bund! Geh mit deinen Angehörigen – deiner Frau, deinen 3 Söhnen und deren Frauen – in die Arche. Nimm je ein Männchen und ein Weibchen von allen Tier-Arten mit!" Ist das möglich bei weit einer Million Tier-Arten? Die Bibel ist ein Glaubensbuch und will mit ihren Aussagen keine naturwissenschaftlichen Fragen beantworten. Ihr geht es immer um ein Leben nach dem Willen GOTTES einst und jetzt.

Der Sintflut-Regen dauert 40 Tage lang, eine Bußzeit. Nach 150 Tagen nimmt das Wasser ab. Die Arche setzt im (bis zu 5.137 m hohen) Gebirge Ararat (in der heutigen Türkei) auf. In neuerer Zeit meinen Expeditionen, Reste von ihr im Gebirge gefunden zu haben. Doch über den genauen geographischen Ort will der Glaubens-Bericht nichts aussagen. Als Noach Berggipfel sieht, wartet er erneut 40 Tage lang. Dann läßt er einen Raben hinausfliegen, der aber wieder zurückkehrt. Einst wurden Raben und Tauben auf See genutzt, um festzustellen, ob Land in der Nähe war. Noachs Taube kommt nach ihrem 2. Ausflug mit einem frischen Ölzweig im Schnabel zurück. Vom 3. Ausflug kehrt sie nicht mehr heim.

Noachs Familie wartet auf GOTTES Befehl, die rettende Arche (lateinisch: Kasten) zu verlassen. Als erstes baut Noach einen Altar, um ein Opfer darzubringen. GOTT nimmt es an, indem ER verspricht, künftig die natürlichen Ordnungen zu erhalten. Zugleich warnt ER vor Krieg, Mord und Abtreibung: „Wer Menschenblut vergießt, dessen Blut wird vergossen werden." GOTT erneuert Seinen Bund und setzt als Zeichen des Friedens den Regenbogen ein. Zugleich zeigt ER – nach einem sündhaften Blick eines der Noach-Söhne – wie hoch ER Ehrfurcht und Schamhaftigkeit einschätzt. Im Neuen Bund ist die Kirche die Arche, die vor dem ewigen Tode retten kann.   *PWP*

Abraham – Vater des Glaubens

Täglich wird Abraham in der klassischen Feier des heiligen Meßopfers angerufen. Für Judentum und Christentum gilt er als der „Vater des Glaubens". Abram, so der alte Name, stammt aus der Gegend von Ur in Chaldäa im heutigen Irak. Archäologische Funde bezeug aus dem 4. Jts. v. CHR. bezeugen die Existenz dieser sunnitischen Stadt.

Abrams Vater Terach ist Nomaden-Fürst im südlichen Mesopotamien, wandert aber weiter nach Haran, das unter Urs Herrschaft steht. Die Einwohner verehren den Mondgott. Doch Vielgötterei ist JAHWE ein Greuel, so daß GOTT den Abram auffordert, Heimat und Verwandtschaft zu verlassen und verspricht, ihn in ein neues Land zu führen (1 Mos 12,1), wo ER ihn zu einem großen Volk machen werde: „ICH werde dich zu einem großen Volk machen. Ein Segen sollst du sein. Durch dich sollen alle Geschlechter der Erde Segen erlangen."

Abram ist 75 Jahre alt, als er nach Kanaan auswandert: in das Gelobte Land, heute Israel genannt. Bei sich hat Abram seinen Neffen Lot und seine vielen Knechte und Mägde. Ohne den Schutz seines Stammes erlebt er, wie stark er auf GOTTES Schutz angewiesen ist. In Sichem spricht ihn der HERR erneut an. Ehrfürchtig baut Abram JAHWE dort einen Altar. Ebenso später in Bet-El als Zeichen des Dankes, um Tiere zu opfern, die ihm lieb sind, die aber GOTT gehören, wie alles in dieser Welt allein JAHWE gehört.

Dann treibt ihn eine Hungersnot nach Ägypten (1 Mos 12,10). Doch wird er dort ausgewiesen. Abram lernt die Demut. Zurück im Gelobten Land überläßt er seinem Neffen Lot die besseren Weideplätze für dessen Herden. Nun verspricht GOTT dem Abram und dessen Nachkommen, das ganze Land zu geben. Als sein Neffe Lot überfallen wird, greift Abram mit seinen 318 Knechten ein, von der Beute aber nimmt er nichts für sich. Wieder belohnt ihn JAHWE. ER schickt Melchisedek, Priesterkönig von Salem, der gleichfalls nur einen GOTT verehrt, zu Abram, damit Melchisedek den Abram segne.

Zugleich aber ist Abram unglücklich, weil er keine Kinder, keinen Erben hat. Da verspricht GOTT ihm Nachkommen so zahlreich wie die Sterne des Himmels und der Sand am Meer: „ICH werde Dein Volk zahlreich machen wie die Sterne am Himmel und den Sand am Meer. Du sollst ein Segen sein. ICH segne diejenigen, die dich segnen, und ich verfluche diejenigen, die dich verfluchen." Doch wie soll das geschehen? Seine Frau Sara ist unfruchtbar. Abram glaubt, doch wankt und fällt für einen Moment: Er nimmt sich eine Sklavin und zeugt mit ihr ein Kind. Doch bald bereut er dieses fehlende Gottvertrauen. Es kommt zu Streit zwischen Sara und der Sklavin, so daß die Sklavin mit dem Kind in die Wüste flieht. Und JAHWE wirkt wieder ein Wunder: Sara wird schwanger und gebiert einen Sohn, den Isaak, den ersten wahren Nachkommen Abrams.

Abram ist inzwischen 99 Jahre alt, entsprechend der Zählweise des AT. Als Zeichen des ewigen Bundes, bekräftigt JAHWE sein Versprechen an Abram in einem Bund

(1 Mos 17,7): Jede männliche Geburt muß beschnitten werden.

Und noch einmal spricht GOTT zu Abram in einer geheimnisvollen Begegnung: Abram fleht im Gebet um Erbarmen für die Städte Sodom und Gomorra, in denen die Menschen durch ihre Lasterhaftigkeit und Sünden ständig GOTT beleidigen. Abram handelt mit JAHWE im Gebet: Bitte verschone die Stadt, wenn DU auch nur 50 Gerechte findest! JAHWE sagt ja. Doch Abram bettelt immer weiter. Zuletzt: Bitte verschone die Stadt, wenn DU nur 10 Gerechte findest. Wieder sagt GOTT ja. Und so handelt er GOTTES Barmherzigkeit hoch, daß JAHWE die Städte vor dem Feuerregen verschonen möge. Da aber keine 10 Gerechten zu finden sind, gehen beide Städte unter. Lot aber wird gerettet.

Doch die schwierigste Probe GOTTES folgt noch für Abram, den GOTT nun Abraham nennt, Vater der Menge. JAHWE fordert ihn auf, seinen einzigen Sohn Isaak auf dem Altar zu opfern, um zu zeigen, daß er GOTT mehr liebe als sein eigen Fleisch und Blut. Für Abraham bedeutet das eine Glaubens-Probe, denn: Wie soll er Vater eines großen Volkes werden, wenn er jetzt seinen einzigen leiblichen Erben ermordet und GOTT auf dem Altar opfert? Damals sind in Kanaan Menschenopfer üblich, etwa um ein Gebäude unter den Schutz des Hausgotts zu stellen.

Drei Tage zieht Abraham bis zum Opferberg Morija, dem heutigen Tempelberg in Jerusalem. Der ahnungslose Isaak selbst hat das Opferholz zu tragen – wie später JESUS sein Kreuz durch die Via Dolorosa in Jerusalem hinauf zum Berg Golgotha schleppt, um dort von den Römern gekreuzigt zu werden. Auf Isaaks Frage: „Wo ist das Opferlamm?"

antwortet Abraham nur: „GOTT wird sich das Lamm aussuchen." Am Opfer-Ort baut der alte Vater schweren Herzens einen Altar, schichtet das Holz auf und ergreift seufzend den überraschten Isaak. Abraham fesselt ihn und legt ihn oben auf das Holz. Doch dann das Wunder.

Als Abraham zum Messer greift, im letzten Augenblick, herrscht ihn der Engel an: „Abraham! Streck deine Hand nicht gegen den Jungen aus! Tu ihm kein Leid an! Jetzt weiß ICH: Du fürchtest GOTT!" Plötzlich sieht Abraham einen Widder, der sich im Gestrüpp verfangen hat. Den bringt er als Brandopfer dar. Abraham hat die Glaubens-Probe bestanden. Noch einmal ruft der Engel im Auftrag GOTTES: „Weil du das getan hast, will ich deine Nach-kommen zahlreich machen wie die Sterne am Himmel. Segnen sollen sich mit deinen Nachkommen alle Völker der Erde." Der erste Hinweis auf die Christenheit, die aus dem Judentum hervorgehen wird.   *SR.A.*

Jesaja – „Hier bin ich! Sende mich!"

In Qumran/Israel wird 1947 eine vollständige Jesaja-Rolle gefunden, die aus dem 2. Jahrhundert vor CHRISTUS stammt. Sie ist 1.000 Jahre älter als die meisten erhaltenen AT-Handschriften. Dadurch ist die Echtheit der Überlie-ferung bewiesen.

740 (v. CHR.) wird einem vornehmen Jerusalemer ein Sohn geboren, Jesaja (†701 v. CHR.), auch Isaias, „GOTT ist Heil" genannt. 708, Jesaja ist 32, schenkt GOTT ihm eine Vision, die er aufzeichnet: Eine Rauchwolke erfüllt den Tempel. Zugleich sieht Jesaja den HERRN, von Engeln umgeben. Der Visionär erkennt seine Sündhaftig-

keit: „Weh mir, ich bin verloren" (Jes. 6,5). Wie alle Frommen jener Zeit denkt Jesaja: „Wer GOTT sieht, muß sterben."

Da berührt ein Seraph die Lippen des Verängstigten mit einer glühenden Kohle: Ein Bild, das heute noch jeder Priester vor der Verkündigung des Evangeliums in der Meßfeier betend aufzugreifen hat. Die Antwort des Seraphs: „Deine Sünde ist gesühnt." Das ermutigt Jesaja, auf die Frage: „Wen soll ICH senden?" zu antworten: „Hier bin ich, sende mich!" Das Ja dieses Berufenen hat jeder, dessen Namen zur Priesterweihe aufgerufen wird, aufzunehmen: „Adsum – Hier bin ich!"

Damals erhält Jesaja einen merkwürdigen Auftrag: „Verhärte das Herz dieses Volkes – bis die Städte verödet sind!" Viermal in wichtigen Situationen erhält der sprachgewaltige Prophet einen solchen Auftrag. Vor einem Bündnis mit dem heidnischen Assur hat er zu warnen. Auf GOTTES Weisung geht er zu König Ahas von Juda (2 Kön.16), auch Achaz genannt. Dieser will ein Bündnis mit Assur schließen und dabei Götzendienst zulassen. Er will sich politisch und religiös mit Götzen absichern und lehnt heuchlerisch („Ich will den HERRN nicht auf die Probe stellen!") ein Wunderzeichen ab, das ihm GOTT durch den Propheten anbietet. Da sagt dieser: „Deshalb wird euch der HERR von sich aus ein Zeichen geben: Seht, die Jungfrau wird ein Kind empfangen, sie wird einen Sohn gebären, und sie wird ihm den Namen Immanuel (GOTT mit uns) geben."

Jesaja hat auch zu ermutigen und GOTTES rettendes Eingreifen zu verkünden, wenn Israel Vertrauen zeigen würde. Dazu gehört Erbarmen für die Armen. Auch im Exil in

Babylon haben der Prophet und seine Schüler das Heil zu verkünden, und zwar den „Gottesknecht" (JESUS), der nach Leiden verherrlicht werden wird. Zugleich spricht der Prophet scharfe Gerichtsworte aus. Überraschend entläßt König Kyros II. (†530 v. CHR.) die Israeliten aus der Gefangenschaft. Zuletzt berichtet die Jesaja-Rolle über den „Gottesknecht", der als Erwählter „Bund des Volkes und Licht der Heiden" wird. Er gerät in Todesnot, wird errettet und verherrlicht.

Jesaja wendet sich auch an die Heimgekehrten. Die leuchtende Gottesstadt wird vor Augen gestellt. Doch dann: „Der Ochs kennt seinen Besitzer, der Esel die Krippe seines Herrn, Israel aber hat keine Erkenntnis, mein Volk hat keine Einsicht" (Jes 1,3). „Wären eure Sünden auch rot wie Scharlach, sie sollen weiß werden wie Wolle" (Jes 1,18). „Dann schmieden sie Pflugscharen aus ihren Schwertern und Winzermesser aus ihren Lanzen" (Jes 2,4). Dabei ist der „Starke Israels" GOTT selbst. Der Ruf der Serafim-Engel wird in der täglichen Liturgie gebetet: „Heilig, heilig, heilig ist der HERR der Heerscharen. Von Seiner Herrlichkeit ist die ganze Erde erfüllt." Einer der Serafim nimmt mit einer Zange glühende Kohle vom Altar und hält sie dann mit seiner Hand an den Mund des Jesaja.

Das berühmte Wort von der „Jungfrau, die ein Kind empfängt", (Jes 7,14), ist fortgesetzt: „Denn uns ist ein Kind geboren, ein Sohn ist uns geschenkt. Die Herrschaft liegt auf seiner Schulter. Man nennt ihn: Wunderbarer Ratgeber, starker GOTT, Vater in Ewigkeit, Fürst des Friedens" (9,5). Auch das Leid JESU ist vorausgesagt: „Ich hielt meinen Rücken denen hin, die mich schlugen… Mein Gesicht verbarg ich nicht vor Schmähungen und Speichel" (50,6). Das Lied „Tauet, Himmel, den Gerechten", geht gleichfalls auf den Propheten (45,8) zurück: „Tauet, ihr Himmel, von oben, ihr Wolken laßt Gerechtigkeit regnen!" Das vierte Lied vom „Gottesknecht" (53,5) wird noch deutlicher: „Er wurde durchbohrt wegen unserer Verbrechen, wegen unserer Sünden zermalmt".

Der letzte Teil der Jesaja-Schriftrolle umfaßt eine Reihe von Kurz-Predigten: „Hört, dann werdet ihr leben!" (55,3). „Mein Wort kehrt nicht leer zu mir zurück, sondern bewirkt, was ich will" (55,33). „Die Wächter des Volkes sind blind, es sind lauter stumme Hunde" (56,10). „Jeder ist auf seinen eigenen Vorteil bedacht" (56,11). „Das ist ein Fasten, wie ich es liebe… die obdachlosen Armen ins Haus aufzunehmen" (58,6/7). „Siehe, Finsternis bedeckt die Erde und Dunkel die Völker, über dir aber geht leuchtend der HERR auf" (60,2). „Dann wirst du erkennen, daß ICH, der HERR, dein Retter bin" (60,16). „Dann nennt man sie `DAS HEILIGE VOLK`, die Erlösten des HERRN" (62,12).   *PWP*

Sieg in der Löwengrube

Könige im alten Orient lieben die Löwenjagd. In tiefen Gruben sperren sie ihre Beute ein, wohl um sich als Sieger über Löwen feiern zu lassen.

Rachsüchtige Gegner von Daniel erreichen, daß der Beter zu den Tieren hinuntergeworfen wird. Sein Tod scheint besiegelt. Fauchen und Knurren der ausgehungerten Löwen ist zu hören. Daniel zittert: „Gleich werde ich zerfleischt! Hilf mir, Gott! Sieben Löwen sind in der Grube." Daniel soll gefressen werden Der König ist traurig. Seine engsten Berater, Statthalter und Gouverneure, hatten ihn gedrängt – gegen sein Gewissen –, seinen hochgeschätzten Vizekönig und Freund Daniel dem Tode auszuliefern. Auch die beiden anderen Vizekönige hatten sich der Intrige gegen den hochbegabten Königsfreund Daniel angeschlossen, um ihn, den Gerechten und Gottesfürchtigen, aus dem Weg zu räumen.

Da ihm keine Vergehen oder Übeltat zur Last gelegt werden konnten, erfolgte der Angriff auf den Konkurrenten auf der Ebene der Religion: Der König sollte ein Gesetz erlassen, daß jedes Gebet zu Gott verbot und nur die Anbetung des Königs Darius gestattete. Damit glaubte man, den Nerv des frommen Juden und Propheten Daniel zu treffen.

Aber Daniel betete weiter – ohne Unterlaß – auch noch in der Löwengrube. Er bezeugt so – wie später alle Märtyrer des Christentums – daß man „Gott mehr gehorchen muß als den Menschen." Das Wunder geschieht: Als der König, geplagt von seinem schlechten Gewissen, am Morgen an die Löwengrube kommt, zeigt sich ihm ein seltsames Schauspiel. Der Prophet lebt, umringt von zahmen Löwen zu seinen Füßen. Wie ist das möglich? Daniel ist begnadet und geschützt durch Gott: seine Waffe ist das Gebet. Sein Herz brennt von Liebe und Treue zu seinem Gott. Treue um Treue – Liebe um Liebe – so das immerwährende Gesetz der göttlichen Ordnung.

Der Perserkönig Darius ist beeindruckt: Ab jetzt darf nur noch der Gott JAHWE verehrt werden – nicht er selbst. Die „Belohnung" der Neider Daniels ist nun der Tod. Alle sterben in den Rachen der Löwen, noch bevor sie den Grubengrund erreichen.

JAHWE ist gerecht. Das Wunder in der Löwengrube zeigt damals wie heute, daß Neid und Intrige nur vordergründig und kurzfristig Erfolg haben. GOTT schützt die Seinen. Götzendienst kann JAHWE nicht standhalten: „Du sollst keine anderen Götter neben mir haben" ist das erste der 10 Gebote. Der GOTT der Juden und Christen ist ein eifersüchtiger Gott. Wer diesen GOTT anbetet und ihn mit all seinen Kräften liebt, den wird er erretten. Die Neider und Intriganten Daniels werden Opfer ihrer eigenen Bosheit.

Auch der König von Persien lernt seine Lektion: Vertrauen in eifersüchtige, intrigierende Berater kann sich eine Führungspersönlichkeit nicht leisten. Gerade der Machthaber darf sich nur an den Geboten GOTTES orientieren und muß in tiefster Einsamkeit mit sich und seinem Gewissen ringen, um sich schließlich bei allen Entscheidungen allein durch die Weisheit und die Gebote GOTTES leiten lassen. Das ist Mut. Das ist Freiheit. Auch heute.   *SR. A.*

Esters Mut rettet ihr Volk

Als König Cyrus Babylon erobert (539 v. CHR.), erlaubt er den dorthin verschleppten Juden, in ihre Heimat zurückzukehren. Doch manche Israeliten bleiben in Babylon – für Juden eine Diaspora. Unter den Nachkommen der Zurückbleibenden ist Ester, die durch ihren Mut ihr ganzes Volk in den 127 babylonischen Provinzen rettet. Die Lebensgeschichte Esters erzählt das gleichnamige alttestamentliche Buch.

Esters Onkel Mordechai, der ihr Pflegevater ist, und König Artaxerxes (465-423 v. CHR.) stehen gleichfalls im Mittelpunkt des Buches Ester. Es geht in dem Bericht um den Kampf GOTTES gegen die Götzen.

Ester, die am Königshof lebt, wird, da die selbstherrliche Königin Waschti verstoßen ist, zur neuen Königin erhoben. Doch Großwesir Haman, der zweite Mann in Babylon, stößt sich daran, daß der Jude Mordechai, während alle anderen dem Wesir huldigen, absichtlich vor ihm nicht niederfällt. Mordechai huldigt nur JAHWE, dem GOTT der Juden.

Da gelingt es Haman, bei Artaxerxes einen Erlaß zu erwirken: Alle Juden sollen, weil sie sich von den anderen Völkern mit ihren Gesetzen absondern, an einem einzigen Tage getötet werden. Auch weil sie die Gesetze des Königs nicht befolgen. Ihr Besitz soll der königlichen Schatzkammer übergeben werden. Per Los wird der Ausrottungs-Tag festgesetzt.

Mordechai erfährt davon. Er betet, aber er redet auch seiner Nichte Ester ins Gewissen und macht ihr Mut: „Schweigst du wirklich in einer solchen Zeit, dann wird den Juden Hilfe und Rettung von einer anderen Stelle kommen. Du aber samt dem Haus deines Vaters wirst zugrundegehen."

Ester hat Todesangst, weil sie nur mit des Königs Einladung zu ihm kommen darf und weil er noch nicht weiß, daß sie Jüdin ist. Sie betet. Und listig lädt sie den König und Haman für zwei Tage zum Festmahl bei sich ein. Ester enthüllt dem König alles, Haman wird zum Tod verurteilt, und die Juden in Babylon sind gerettet. Sie feiern einen Siegestag, rächen sich jedoch auch blutig an ihren Gegnern.

Mordechai wird Großwesir. Seine Rettungstat nimmt Israel bis heute zum Anlaß, das Purim-Fest zu feiern. Die Lehre des Buches Ester: Auch der Einzelne kann im Vertrauen auf GOTT das Beste tun für sein Volk. GOTT ist Retter und Befreier. Der Glaube an IHN ist der höchste Wert. Für IHN sollen wir bereitsein, alles herzugeben, wenn es gefordert ist. Dabei läßt GOTT uns oft bis zur äußersten Stunde der Ohnmacht auf Seine Hilfe warten, um unsere Liebe herauszufordern. *PWP*

Über die beiden Autoren

Schwester Maria Anja Henkel, RC, geboren 1971 in Kassel, war 16 Jahre als Gymnasiallehrerin und Studienrätin für Englisch und Geschichte in Rheinland-Pfalz tätig. Dann empfing sie im Jahr 2010 – aus Liebe zu JESUS CHRISTUS und zum Gebet – aus der Hand des Bischofs von Speyer die Jungfrauen-Weihe zur Virgo Consecrata und schloß sich der Rosarian Congregation an.

Seit 2016 veröffentlicht Sr. M. Anja zusammen mit Pfr. Winfried Pietrek im westfälischen Wadersloh zahlreiche Bücher und hat seit 2020 die Leitung der Monats-Zeitung KURIER der Christlichen Mitte e.V. übernommen. Ziel ist die Verkündigung des unverfälschten katholischen Glaubens, wie ihn die 2000 Jahre Kirchengeschichte überliefert, ebenso die Verteidigung der christlich-konservativen Werte.

„JESUS CHRISTUS will geliebt werden, denn er liebt DICH und hat DICH erlöst!", ist die frohe Botschaft, welche die zahlreichen Bücher und der KURIER dem Leser lebensnah, spannend und in der Sprache unserer Zeit nahebringen: „Abenteuer Kirchengeschichte", „Wunder heute", „Große Deutsche", „Große Europäer", „Kleine Papstgeschichte", LAUDATE DOMINUM, „Glauben macht glücklich" oder „Sternstunden des Glaubens", um nur einige zu nennen. Liebevoll umsorgt Sr. M. Anja den inzwischen 91jährigen Pfarrer Winfried Pietrek jeden Tag, der – im Rollstuhl sitzend – täglich noch das hl. Meßopfer im alten Ritus in der Hauskapelle feiert.

Pfarrer Winfried Pietrek, geboren 1932 in Breslau, wurde 1946 aus Schlesien vertrieben und wuchs in Hamburg auf. 1958 weihte ihn der Bischof von Osnabrück zum Priester. Seine erste eigene Gemeinde erhält er im ostfriesischen Momeerland. Von 1969 bis 1972 ist er als Missionar in den Anden von Peru mit dem Pferd unterwegs im Auftrag des Bischofs. 30 Dörfer in etwa 4000 m Höhe betreut er.

Nach seiner Rückkehr nach Deutschland ist er 25 Jahre lang in der Redaktion der „neuen bildpost" in Lippstadt, NRW, tätig, ebenso im „neue bildpost Hilfswerk". Jedes Jahr organisiert er Pilgerreisen nach Jerusalem, Lourdes oder Fatima. Er ist im Libanon-Krieg dabei, im Vietnam-Krieg, in Afrika – um Menschen dort durch gesammelte Spenden-Gelder zu helfen, und um über die Not der Menschen in der „neuen bildpost" zu berichten.

Sein Herz gilt in den 1970er und 1980er Jahren vor allem dem Kampf für das Lebensrecht der Ungeborenen: Vorträge, Hungerstreiks, hl. Messen, Demonstrationen organisiert er in ganz Deutschland, um die neuen Abtreibungs-Gesetze zu Fall zu bringen. Dabei zerrt man ihn vors Gericht für den Satz: „Ihre Klinik ist eine Tötungs-Anstalt." 10 Tage Gefängnis, aber hunderte Babys rettete er vor der Abtreibung und half bei der Gründung der „Bewegung für das Leben".

Seit 1987 gibt er mit Prof. Adelgunde Mertensacker (†2013) den KURIER der Christlichen Mitte heraus und schreibt – zusammen mit Sr. M. Anja Henkel, RC, seit 2016 – zahlreiche Bücher, die den katholischen Glauben lebensnah verkünden. „Für ein Deutschland nach GOTTES Geboten" ist das Ziel. Heute ist Pfr. Pietrek 91 Jahre alt und nimmt immer noch jeden Tag – umsorgt von Sr. M. Anja – den Kampf für JESUS CHRISTUS und SEINE Gebote tatkräftig in die Hand.